用文字照亮每个人的精神夜空

中国人的精神建筑师

辛弃疾

辛弃疾：无人会，登临意

夏承焘　游止水　著

燕山大学出版社
·秦皇岛·

图书在版编目（CIP）数据

辛弃疾 ：无人会，登临意 / 夏承焘，游止水著 . 秦皇岛 ：燕山大学出版社，2025. 9. -- ISBN 978-7-5761-0935-1

Ⅰ . K825.6 ; I207.23

中国国家版本馆CIP数据核字第2025JA1734号

辛弃疾：无人会，登临意

XINQIJI : WURENHUI DENGLINYI

夏承焘 游止水 著

出版人：陈　玉
责任编辑：张文婷
责任印制：吴　波
出版发行：燕山大学出版社
地　　址：河北省秦皇岛市河北大街西段438号
印　　刷：河北赛文印刷有限公司
选题策划：北京领读文化
特约编辑：李　晓　吕芙瑶
封面设计：刘　俊
电　　话：0335-8387555
邮政编码：066004
经　　销：全国新华书店

开　　本：787 mm×1092 mm　1/32
版　　次：2025年9月第1版
书　　号：ISBN 978-7-5761-0935-1
定　　价：48.00元
印　　张：6.75
印　　次：2025年9月第1次印刷
字　　数：130千字

明人摹《稼轩公画像》（局部）

目录

第一章 少年时期的战斗生活

民族压迫和家乡灾难

辛弃疾，字幼安，号稼轩，是南宋时期一位著名的爱国词人。他诞生于绍兴十年（1140），卒于开禧三年（1207），年六十八岁。他一生对国家前途、民族命运的关心，和在文学创作上的杰出成就，八百多年来，一直受到人们的赞颂。

他出生在山东济南一个世代仕宦的家庭里。那时候，正是民族英雄岳飞被赵构（宋高宗）、秦桧一伙民族败类杀害的前二年。济南在金政权（族名女真）统治下，已经十二年；北宋的汴京（今河南开封）已经沦陷十四年了。

赵构统治集团自建炎元年（1127）南渡，到建炎三年定都临安（今浙江杭州），保守江南偏安局面，不仅忘记了“徽钦之辱”，并且忍心坐视北方人民长期在女真贵族压迫下，过着水深火热的生活。收复山河的大计，已为纳币称臣的投降政策所代替。他们何以会这样甘心奴颜婢膝，丧尽民族气节呢？明代文徵明写过一首《题宋思陵（高宗赵构）与岳武穆手敕墨本》的《满江红》词，下片道："岂不念，中原蹙？岂不惜，徽、钦辱？念徽、钦既返，此身何属？千载休谈南渡错，当时自怕中原复！笑区区一桧亦何能？逢其欲。"这几句话，把赵构统治集团的降敌真相赤裸裸地揭露出来了。

金统治者在他们的统治区域里，禁止汉族人民穿着汉服，要他们都剃了头发，改梳辫子；又常常抽调他们去当兵；送他们到东北、西北境外去当奴隶出卖，甚至拿他们调换马匹。

在完颜亮（金海陵王）迁都燕京之后，更用一种屯田军驻防的办法，监视汉族人民的反抗，还大量掠夺他们的土地。屯田军以女真族为主要的组成人员，他们从东北迁到大河南北，在各地村落建筑堡垒，和汉族杂居。设置所谓"千户长""百户长"等下级军官。每个屯田军人，都是带全家人口同来的。屯田军人（不包括家属户口）约有五六万人。金统治者还派出许多官员到各个安置屯田军的地方，名义上是检查"官田""荒闲""牧地""逃绝户地"和僧尼道士所占有的土地，把这些土地分给屯田军。实际上，这些官员只是挑选大块的、最肥沃的土地，强行掠夺，拨归屯田军。同时，汉人的坟墓井灶，全被他们破坏，汉人所养的牛马、羊、狗、鸡、鸭等各种畜、禽和农具，都被他们任意掠夺。汉人若同他们打官司，那女真人一定胜诉，汉人只得忍气吞声。女真的贵族、权要更利用他们的政治势力对汉人的土地横暴兼并，有一家占地六百顷的，有全家每个人平均占地三十顷的。这些屯田军和贵族、权要，掠夺占有汉人的土地，并不亲自去耕种，绝大多数是强制租给当地的汉人，坐收租课，并且胁迫预缴。因此，中原一带的各阶层人民尤其是劳动人民对女真入侵者非常痛恨。各地农民纷纷起义。一部分有气节的知识分子，也和苦难中的人民一样，朝夕盼望"王师"北上，收复失地。但年复一年，他们都失望了。爱国诗人陆游有这样两句诗："遗民泪尽胡尘里，南望王师又一年！"就是反映当时北方人民痛恨金统治者，迫切要求收复中原的爱国心情。

家庭和就学

辛弃疾的少年时期，跟生活在北方的广大中原人民一样，在女真贵族的种族歧视和压迫下，过着忍辱吞声的生活。

他的父亲辛文郁早死，他是祖父辛赞抚养长大的。辛赞本是宋朝官员，济南沦陷时，丧失民族立场，做了金的县令、知府一类的地方官。当辛赞在亳州的谯县做金的县令时，辛弃疾也跟着到谯县。那时亳州有一个叫刘瞻的读书人，因为善作田园诗，闻名一方。辛赞便叫辛弃疾去拜他为师。在刘瞻的学生里，当时只有辛弃疾和党怀英[①]最为优秀，亳州人把他俩并称为“辛党”。党怀英后来在金做了显贵大官，但辛弃疾却走了与党怀英完全相反的道路。

辛弃疾常常跟着他的祖父登山临水，观览祖国雄伟壮丽的山河，想到在这样土地上的人民却过着被女真贵族统治的痛苦生活，他立下了恢复中原的壮志。1154年，济南府保荐他到燕京参加进士考试，他趁此机会深入河朔一带窥察金军部署、政治措施和人民的反抗力量。1157年，辛弃疾第二次参加进士考试，这就使他对金人的虚实有了更加深入的了解。

起义和南归

1161年夏秋间，金主完颜亮带领了号称六十万的兵马，大举南侵。他准备南侵时，在北方强征民夫，并大量搜括人民的马匹、粮食、军器。当时在潼关以东、淮水以北的

---

① 党怀英（1134—1211），字世杰，号竹溪，金代文学家。青年时曾隐居徂徕山，后参加金朝科举，中进士，官至翰林学士。曾参与编修《辽史》，能诗文，兼工书法。

反金的人民武装，处处蜂起。在大名地区起义的有王友直，聚众十多万人；海州有魏胜，也聚众十万多人。在起义军飞跃发展的时候，济南的农民耿京，结合了李铁枪等六七人，共同起事，在聚集了几十人以后，便占了莱芜和泰安两个县城。莱州人贾瑞带来数十人归附耿京。后来耿京部队发展到二十五万人，便据东平府（今山东东平）称天平军节度使，节制山东、河北的忠义军，以贾瑞为诸军都提领。当时大名府王友直也派人前来，表示愿听耿京的节制。魏胜等也都与耿京有联系。

这时候，辛弃疾是二十二岁。他认识到在女真贵族统治下的广大汉族人民的反抗要求日益迫切，起义军的力量日益壮大，爱国思想与收复中原的意志，驱使他毅然决然投身火热的战斗中。他在济南以南的山区，组织了两千多人的一支队伍，举起义旗。一个出身封建官僚家庭的读书人，激于民族大义，抛弃了像党怀英那样安于现状、企求个人富贵的生活道路，起义抗金，同时还率领部众归属耿京的起义军，以加强抗金的力量，他的正义行动是难能可贵的。因为他是起义军中仅有的一位有名望的文人，耿京便委他担任掌书记的职务。他又说服一个叫义端的和尚，率众一千人，归属耿京。不料义端是个坏蛋，没有多久便阴谋叛变。在一个晚上，他偷了耿京的天平军印信逃跑。

耿京大怒，责问辛弃疾。辛弃疾要求给他三天时间，誓必亲自捉得义端。他估计义端一定是逃向金营去献功，马上追赶，果然拿获，并且当场斩却，回报耿京。耿京从此更加器重他了。

完颜亮南侵到扬州，就被他的部下杀死。完颜雍（金世宗）自立为金主，与宋讲和，劝诱起义的汉人投降。他一面下大赦令说“在山者为盗贼，下山者为良民”，企图以此分化山寨中的忠义军；另一面调集大兵，要把继续反抗的起义军各个击破。由于敌我形势的变化，辛弃疾估计耿京的起义军会成为敌人最注意的目标。他和耿京计议，决策南归。

绍兴三十二年正月中旬，耿京派遣贾瑞、辛弃疾等人，经楚州（今江苏淮安）到达建康（今江苏南京），会见了南宋的将相大臣，被出巡在建康的赵构召见。一切所要接洽的事情，都顺利完成。赵构给耿京以检校少保的官衔，并正式任命他为天平军节度使。对贾瑞、辛弃疾诸人也分别给以官衔，叫他们回去向耿京传达朝廷的意旨。

不料这时山东起义军里有个叫张安国的叛徒，贪图金人的重赏，勾搭了耿京部下的叛徒邵进，杀了耿京，投降金人。辛弃疾和贾瑞等人从建康北归到海州（今江苏连云港），听到这个消息，马上约集当地统制王世隆和忠义军人马金福等，只带五十骑兵，直趋山东金营，这时张安国正在那里与金将酣饮作乐。辛弃疾等就在五万大军的金营里，劫得这个叛徒张安国，缚在马上，并号召金营中的耿京旧部反正，约有上万人跟他同回。他接连不停地跑了几个昼夜，把这个叛徒绑到建康，献给赵构杀了。这时的辛弃疾，还是一个二十三岁的青年。这一英勇的行动，当时不仅打击了金人，更鼓舞了人民抗敌的信心。后来，洪迈为他作《稼轩记》时，用“壮声英概，懦士为之兴起”的话来赞扬辛弃疾。从此以后，辛弃疾就投身到了南宋的统治区域，终生不复回到女真贵族统治下的山东去。

第二章

四十年服官和被迫退休

《御戎十论》和《九议》

在南宋小朝廷里，一直分为主战与主和两派，而主和派常常占上风，操纵中央统治实权。辛弃疾自决定南归以后，始终坚持抗战，是一位态度鲜明的主战派。当权的主和派既想利用他，又不敢信任他，在不能利用他的时候便不惜给以无情的打击。

他在绍兴三十二年决策南归时，南宋小朝廷安排他一个江阴签判的差使。签判就是签书判官厅公事的一个简称，是帮助地方官处理政务的官员。这时候他抱着一腔报国赤诚，但是没有机会施展才能。

原来在他南归这一年，赵构就传位给宋孝宗赵昚（shèn慎）。赵昚即位之初，很想做一番恢复失地、统一中国的大事业，任用主战派张浚北伐。辛弃疾对张浚守淮保江的战略是完全赞同的。后来，因李显忠、邵宏渊两将不睦，北伐军大败于符离（今安徽宿县北），主和派汤思退等就借此排斥张浚。不久，汤思退尽撤两淮战备，并于隆兴二年

（1164），和金订了屈辱投降的《隆兴和议》。辛弃疾满腔悲愤，把当时宋金对立的形势和军事斗争前途，详尽地作了具体分析，写成十篇论文，名为《御戎十论》，又名《美芹十论》（以下简称《十论》）[1]，于乾道元年（1165）奏进赵昚。这著名的《十论》，前三篇的主要内容是分析“女真虚弱不足畏”。它的理由是：（1）金人占据的土地虽广阔，但一旦有战事，就很容易分裂。如完颜亮南侵，起义军四方蜂起，他土崩瓦解的现象，便顿时发生。（2）金人的财政并不宽裕，一旦有战事，搜括民财，势必导致民怨沸腾。（3）金人士兵是难调易溃的，部下大汉军都是怀有父兄被杀害或田园被掠夺的仇恨，与他们不是一条心。若从万里之外，调兵遣将，则后方接济，困难重重。（4）金人内部有契丹、中原和江南人，上下猜防，明争暗斗。（5）北方汉族人民，

---

① 《十论》：（一）审势，（二）察情，（三）观衅，（四）自治，（五）守淮，（六）屯田，（七）致勇，（八）防微，（九）久任，（十）详战。《十论》为什么叫“美芹”？这有个典故：从前有一个人，因为自己喜欢吃芹菜，对地主说它很好吃，地主尝了便大吐不止（见《列子》）。辛弃疾的意思是说：自己喜欢这《御戎十论》，把它献给皇帝，也像那个人献芹菜一样。虽然别人不一定喜欢它，但是一个人把自己喜欢的东西送给别人，总是有他的一片诚心的。“美”字在这里作动词用，是赞美的意思。

在女真贵族压迫下，壮丁被抽调，土地被掠夺，创巨痛深，如果听到王师北伐，必闻风兴起，争为内应，成为金人的心腹大患。以上情况，都是有利于我，不利于金。论文后七篇的主要内容是：（1）反对“南北定势论”。当时有一种汉奸的谬论说：“南北有定势，吴、楚之脆弱，不足以争衡于中原。”辛弃疾指陈历史事实，说明战争胜败在于顺逆。金人侵略是逆的，我们收复是顺的，这是古今常理，南和北是绝没有定势的。（2）坚决主战，并主张先攻山东、次取河北，终必能收复中原。（3）提出自治图强的策划。这个富有战斗性的《十论》，充分地表现了辛弃疾收复中原的全部战略思想。可惜南宋小朝廷的投降派，前怕虎、后怕狼；史浩此时有山东未可用兵、未可北伐等奏章，极力反对；以致辛弃疾这英明果断的《十论》，始终没有得到统治者的重视。

在奏进《十论》以后的两年内，辛弃疾的游踪宦迹，今不知其详。乾道四年他才被南宋政府派作建康府的通判。建康是南宋长江下游的重镇。这里设有行宫留守，又有军马田粮总领所。辛弃疾在那里做通判时，行宫留守是史正志，军马田粮总领是叶衡，同时在建康担任重要官职的还有赵彦端、韩元吉、严焕等，都是士大夫中有名的人物。辛弃疾和这些人物来往，颇多酬唱和答，这给他一个练习歌词创作的好机会。他的词集里还留存当时写给赵彦端、史正志等人的作品。

这时他有一首著名的《水龙吟》词，是登建康赏心亭即景抒情之作，最能反映他南归以来的政治抱负和忧国心情。

楚天千里清秋，水随天去秋无际。遥岑远目，献愁供恨，玉簪螺髻。落日楼头，断鸿声里，江南游子。把吴钩看了，栏杆拍遍，无人会、登临意。

休说鲈鱼堪脍，尽西风、季鹰归未？求田问舍，怕应羞见，刘郎才气。可惜流年，忧愁风雨，树犹如此！倩何人唤取，红巾翠袖，揾英雄泪！

——《水龙吟·登建康赏心亭》

这首词上片一大段是写景：千里清秋，水天一色，远处的群山，有的像玉簪，有的像螺髻，该都是很可赏玩的；可是，它这时对作者偏只是贡献多种愁恨。在这落日楼头，听到高空雁叫，作为江南游子的作者，是多么孤寂伤感！他把佩带的吴钩（刀）看了又看，拍着栏杆唱歌，始终没有人了解他这时的心情。

下片是抒情部分：尽管是西风起来了，你们不要问作客的张翰（晋人，字季鹰）是否曾经因为想念鲈鱼味美而引起思归的念头？更不要提起三国时那求田问舍只图个人温饱的许汜（sì 似），这是要羞煞人的！作者说，我所忧愁叹息的，只是国势飘摇，流光虚度，壮怀大志，到老难酬。在这种心情下，谁去唤红巾翠袖的女子，给我揩干忧国的热泪呢？

陆游有两句诗："爱君忧国孤臣泪，临水登山节士心。"正与这首词表达同样的心情。

乾道六年，赵昚在延和殿召见了辛弃疾。据《宋史》记载，说他这时"因论南北形势及三国晋汉人才，持论劲直，不为迎合"。看来，他论对的内容，大致还是坚持《十论》的基本精神的。召对之后，他就被调进南宋政府做司农寺主簿。

这时候，虞允文正做南宋的宰相，他曾于绍兴三十一年在采石（今安徽马鞍山西南）打败过完颜亮的军队。辛弃疾在调任司农寺主簿之后，就把自己对收复大计的意见，写成九篇论文，名为《九议》[①]，送给虞允文。《九议》和他以前写的《十论》，基本内容与精神是一致的。但在投降派得势的年代里，它也没有受到虞允文的重视。

《十论》和《九议》，是辛弃疾早期爱国思想和战斗精

---

① 《九议》：原文没有标题。内容大意是（一）论用人，（二）论长期作战，（三）论敌我的长短，（四）论攻守，（五）论阴谋，（六）论虚张声势，（七）论富国强兵，（八）论迁都，（九）论团结。

神的集中表现，但在南宋小朝廷里，没有得到什么人的支持。这使他直到晚年回忆起来，还是无限感慨。他在一首《鹧鸪天》的词里写道：

壮岁旌旗拥万夫，锦襜突骑渡江初。燕兵夜娖银胡䩮，汉箭朝飞金仆姑。①

追往事，叹今吾，春风不染白髭须。却将万字平戎策，换得东家种树书。

——《鹧鸪天·有客慨然谈功名因追念少年时事戏作》

这首词上片是自写少年时率众起义的壮举，回忆那次捉了叛徒张安国，亲率上万穿锦衣、骑快马的旧部，渡江南归，那北方的兵士，连夜整备了箭筒，戒备森严；汉族军民则用名叫“金仆姑”的箭来射敌人，这些情景，至今还是历历在目。

下片是自写奏进《十论》《九议》没有被采纳的感叹：追想过去的事，感叹现在的我。春风吹来，能使树木再荣，

① 襜（chān）：古代系在身前的围裙，也称蔽膝。娖（chuò）：整备的意思。䩮（lù）：箭筒。

但是人的胡子白了，却不能再黑。现在，万字的平戎策（指《十论》和《九议》）被丢在一旁了，一个爱国的志士被磨折成栽花种树的闲人。

陆游有两句诗说："晚岁犹思事鞍马，当时那信老耕桑。"这两位老英雄的失望沉痛情绪，是完全一样的。

重建兵乱后的滁州

乾道八年春天，辛弃疾由司农寺主簿，被调派到淮南的滁州（今安徽滁州）做知州。滁州在两淮之间，为南北必争的军事要冲。辛弃疾在1163年张浚北伐时，曾向赵昚进《论阻江为险须藉两淮疏》及《议练民兵守淮疏》，以后进《十论》，也有《守淮》一篇，他对两淮的军事形势，是有过深入研究的。滁州在当时由于濒临淮水前线，是个缺乏安全保障的地方。辛弃疾被调到滁州，有人以为他受了委屈，但他自己却认为这是独当一面的地方官，正是小试其政治抱负的一个好机会。

滁州在绍兴三十一年完颜亮南侵和隆兴元年符离之役，先后遭受到惨重的战祸。乾道四年到七年的这四年之间，又接连遭了灾荒，人烟冷落，城郭萧条。居民都只能在瓦砾场上搭盖草棚栖身，刮起大风来，无不提心吊胆。人民贫困到连鸡猪都养不起，大约有十分之六的居民，都逃荒出去了。

辛弃疾到任以后，对招抚流亡、恢复生产采取了一些积极的措施：人民历年积欠的租赋共钱五千八百贯，他请求政府给予全数豁免。他又减免了商贩营业税额的十分之七。之后他把逃荒在外地的人民召唤回来，从事生产。逃荒者初回乡时，政府借钱给他们，帮助他们修建房屋，使其能安居下来。对从他处逃来，在滁州附近居住的人民，也分给他们土地、农具、杂畜、种粮，鼓励他们在滁州安家落户。因此，滁州人口逐渐增加，生产恢复了，官府税收也就跟着增加。辛弃疾拿这笔税收做些急需的复兴工作，如烧造砖瓦，斫伐木材，雇用工匠，在乱草纵横的街道上，建筑了商铺、客店、酒馆，以便利行旅，恢复市场。他还把这个新市场的某一建筑，取名叫“繁雄馆”，又修建一座楼房，取名叫“奠枕楼”，为登临游览的场所。恰值这一年夏麦大熟，他就在短短的半年之内，使滁州过去荒陋的面貌大为改观。

辛弃疾曾经请崔敦礼、周孚写两篇《滁州奠枕楼记》。自己也写过一首词：

征埃成阵，行客相逢，都道幻出层楼。指点檐牙高处，浪涌云浮。今年太平万里，罢长淮、千骑临秋。凭栏望，有东南佳气，西北神州。

千古怀嵩人去，还笑我、身在楚尾吴头。看取弓刀陌上，车马如流。从今赏心乐事，剩安排、酒令诗筹。华胥梦，愿年年、人似旧游。

——《声声慢·滁州旅次，登奠枕楼作，和李清宇韵》

这首词上片写滁州的建设规模和目前边防安静的现象。道路上车尘滚滚，客商接连，都惊奇地称赞这里突然出现了耸立的层楼。两淮地区，今年也不会有兵祸了。登上奠枕楼，凭栏四望，东南是一片大好气象，因此令人遥想起西北神州还未恢复。末了一句点出忧国心事。

下片写自己在滁州的生活和对个人前途的感想。唐代李德裕贬官滁州，建“怀嵩楼”，取思归嵩洛之意。作者说自己也像李德裕一样，有归北方故乡的想头，但不能办到，还留在滁州。在这条大路上，车马如流，今年的赏心乐事，只有尽量饮酒赋诗。虽然眼前景象，好像黄帝在华胥氏之国梦游一样，但望老百姓能永远安居乐业，我的愿望也就满足了。

这首词反映了作者在滁州的心情是矛盾的。一面在复兴地方工作上，牛刀小试，自喜有成；一面做一个“极边”

下僚，自己不免有大材小用之感。就在这一年，他曾经有奏议上朝廷，论敌我形势，也得不到反响。他在《滁州送范倅》那首《木兰花慢》词里曾经写道："长安故人问我，道愁肠殢酒只依然。"一种无聊赖的愤慨的情绪，仍然时常缠绕在他的心头。

消灭"茶商军"、论"盗贼"、办荒政

隆兴和议以后，宋金双方四十年中没有战事。南宋统治集团已经安于半壁河山的局面，把沦陷区人民的苦难抛在脑后。小朝廷偏安于东南，失掉淮水以北的广大土地，国家一切开支，就只有向南方人民进行残酷的剥削。这时民族矛盾表面上在渐趋缓和，而阶级矛盾却在日益加深。从乾道元年以来，各地区就曾经爆发过好几次农民武装暴动。其中最使小朝廷惊慌失措的，就是淳熙二年（1175）起义于湖北的"茶商军"。茶叶捐税是当时政府收入的大宗，茶民和茶商因不堪重税，群起反抗。这一支以赖文政为首的武装队伍，虽然只有四百多人，但从荆南向江西进发，沿途曾经打败了官军好几次。"茶商军"的起义，是为了反抗南宋王朝的过重的茶税，当时广大人民同情"茶商军"的反抗，也加以支持。

南宋政府坚决要镇压“茶商军”，淳熙二年六月，任命辛弃疾为江南西路的提刑典狱公事，叫他“节制诸军，讨捕茶寇”。辛弃疾接受了这个任命，到江西去接任。经过一番军事部署，“茶商军”很快地陷入困境。辛弃疾派人去“茶商军”营里劝诱赖文政接受招安。赖文政到军前投降，结果被辛弃疾押解到江州杀了。“茶商军”残部接着就被改编或遣散。赵昚认为辛弃疾捕“寇”有方，给他一个“秘阁修撰”的职名。他后来在一首《满江红·贺王帅宣子平湖南寇》的词里说：“金印明年如斗大，貂蝉却自兜鍪出。待刻公、勋业到云霄，浯溪石。”这是他歌颂王佐（宣子）的词，从这些兴高采烈颂扬镇压农民起义者的词句里，可以鲜明地看出他的阶级立场。

淳熙六年，辛弃疾受任湖南转运使，知潭州，兼湖南安抚使时，又向皇帝赵昚进一篇《论盗贼札子》，在札子里，他具体陈述“官逼民反”的事实。他说：“自臣到任之初，见百姓遮道，自言嗷嗷困苦之状。臣以谓斯民无所诉，不去为盗，将安之乎？”

他列举官府对老百姓的暴征苛敛之后，又说：“故田野之民，郡以聚敛害之，县以科率害之，吏以取乞害之，豪民大姓以兼并害之，而又盗贼以剽杀攘夺害之，臣以谓‘如不去为盗，将安之乎’，正谓是耳。”“民者国之根本，而贪浊之吏迫使为盗，今年剿除，明年扫荡。譬之木焉，日刻月削，不损则折。臣不胜忧国之心……欲望陛下深思致盗之由，讲求弭盗之术，无恃其有平盗之兵也。”

辛弃疾也认识到农民起义，实在是“官逼民反”。而他对真正起来做反抗斗争的人如赖文政，则坚决实行镇压。而且他把造成农民痛苦的原因，只归罪于一部分贪官污吏，而不包括统治集团的头子——皇帝在内。他又认为整顿吏治，便可解除农民痛苦；而农民只应当安分守己，不能起来反抗。这些观点，都说明辛弃疾思想上的阶级局限。

辛弃疾是南宋统治阶级中的一员。他奏进《论盗贼札子》的目的是对皇帝进尽忠言，是为了巩固南宋王朝的统治权。但他在札子中毕竟还多少反映了当时农民的痛苦，多少揭露了当时社会存在的阶级矛盾。这在当时统治阶级和士大夫中间，应该说是不可多得的。

淳熙八年，他从湖南调到江西，知隆兴府（南昌），兼江西安抚使。那年江西大荒，他一到隆兴新任，就雷厉风行地采取了紧急措施，举办荒政。揭出八个大字的文告：“闭粜者配，强籴者斩。”这里所谓“闭粜者配”，就是说：粮商大户，不肯出卖粮食的，要受流放到远方的处分；“强籴者斩”，就是说：若有用强暴手段，胁迫粮食商户的，就砍他的头。但这个“闭粜”和“强籴”之间的矛盾，显然就是地主阶级和农民之间的矛盾。事实上，农民在饥荒的年月里，不仅缺粮，尤其缺钱；所谓“强籴者斩”，有被斩可能的，就只是这一群在饥饿线上挣扎的善良农民。地主阶级开仓粜谷，在统治者保护之下，仍可以坐享剥削。所以他这个八字文告，实质上是为保护地主阶级利益而发的。辛弃疾执行八字文告之后，又采取一些比较积极的救荒措施，如开辟粮源，流通邻县等。在当时办理荒政的官员中，他被称赞为最有魄力的一员。

从上面三件事情看来，可以说：辛弃疾在阶级斗争中，无疑是站在封建地主阶级的根本利益立场上的。虽然他也有同情农民痛苦的一面，但他解决农民痛苦的办法，只是要求那些残酷的官吏稍稍减轻暴敛，使农民不致揭竿而起。其目的仍是在于巩固封建社会的经济基础和统治者的地位、利益的。

创建“飞虎军”

在隆兴办理荒政之前二年，淳熙六年秋季，辛弃疾由湖南转运副使改知潭州，兼任荆湖南路的安抚使。他为了巩固几年来在湖南地区的治安成绩，首先做了整顿地主武装“乡社”的工作。次年，又向南宋政府建议编练一支湖南“飞虎军”。得到皇帝批准之后，他就筹建新营房，招募步兵、马兵，规模相当大。当建筑营栅时，正值秋雨连绵，所需二十万片瓦无法烧造。他决定下令给长沙城内外居民，每家供送瓦二十片，付给瓦价一百文。两天之内，就凑足数目了。建筑费用，以巨万计，也立即筹好。枢密院大臣闻风劾奏他聚敛民财，赵昚怕惹起人民反抗，降御前金字牌，勒令停工。辛弃疾却置之不理，反把建营工程，加速完成，绘图缴奏。赵昚看到“飞虎军”建成，有利于江南偏安局面，也就不再说什么了。“飞虎军”建置以后，起了一些什么作用呢？卫泾说：“湖南飞虎军……自淳熙间帅臣辛弃疾奏请创置，垂四十年……北虏颇知畏惮，号‘虎儿军’。”直到后来，开禧二年韩侂（tuō 托）胄伐金，也曾调用这支军队。

从创建“飞虎军”这件事，可见辛弃疾那种勇于任事，敢于负责的精神。在这个工作中，虽然表现了他为封建统治服务的耿耿忠心，但同时也应肯定他对收复中原大计所起的作用。

退休带湖、瓢泉二十年

辛弃疾南归后二十年来，过着长期的仕途生活，各处奔波，很少定居。淳熙八年他四十二岁，在江西当安抚使时，由于历年在政治上受到主和派的不断打击，感到失意，因此，渐萌退志。就于这年春初，在信州上饶郡城外买得的一块土地上，兴建一座庄园，叫“带湖新居”。由于上饶靠近南宋京城杭州，地处京城西向的交通大道，当时官僚们多在此地购置别墅，其中就有辛弃疾的好些朋友。

带湖在上饶城北一里许，灵山倒影，湖水如镜。带湖新居，占地长有一千二百三十尺，阔有八百三十尺。建造了房屋百多间，还只占地十分之四。左边的空地，都辟为田亩，高处筑一室，名叫“稼轩”。辛弃疾并把“稼轩”作为自己的别号。整个庄园，廊庑曲折，花木扶疏。亭台取有名字的，有：植杖亭、集山楼、婆娑堂、信步亭、涤砚渚……初落成时，理学家朱熹路过上饶，曾悄悄地进去看过，惊其宏丽，说是自己生平所没有见过的。辛弃疾有一首《带湖新居将成》的《沁园春》词道：

三径初成，鹤怨猿惊，稼轩未来。甚云山自许，平生意气；衣冠人笑，抵死尘埃。意倦须还，身闲贵早，岂为莼羹鲈脍哉？秋江上，看惊弦雁避，骇浪船回。

东冈更葺茅斋，好都把、轩窗临水开。要小舟行钓，先应种柳；疏篱护竹，莫碍观梅。秋菊堪餐，春兰可佩，留待先生手自栽。沉吟久，怕君恩未许，此意徘徊。

这首词上片，作者写自己政治失意、要见机引退的心情。带湖新居的花径池亭，林园禽鸟，都已齐备了，但稼轩主人，还未归来，真使鹤怨猿惊；他们说：“你平生的意气，曾经自许功成身退，归老云山。为什么还是风尘仆仆，留恋仕途，不怕人笑呢？”其实，这样的政治环境，已经使我无意再干下去，还是早些时候退休较好。这些思归的念头，却并不是单单为了莼羹鲈脍的味美，你看：秋江上的雁儿，应该知道暗箭可怕，在惊涛骇浪中的船儿，还是赶快看风回舵好！

下片写园林布置，一一就绪。东冈还须添筑茅斋，把轩窗都临水开着。湖边种些柳树，泊个小船在柳荫下，可以垂钓。竹林边添一道疏篱，可不要妨碍看梅花的路径。秋菊、春兰要等我亲手来栽。这些都想得周到了，只是心里还不免踌躇，如果皇上不许我退休，那怎么办呢？

这些话虽然是旧时代官僚们说退休的口头禅，但在这首词里，也可以看出辛弃疾那时思想上的矛盾。

在带湖新居即将落成的这年冬天，由于谏官王蔺的弹劾，辛弃疾受到削职的处分。他就回到带湖新居，开始他二十年的被迫退休生活。

辛弃疾营建带湖新居之后，又在铅山县东北与上饶邻接的期思渡旁边，建造了一所别墅。这里是依山临水的风景区，有泉水从半山喷下，流入一个瓢形的潭，澄清见底。辛弃疾把这个泉取名“瓢泉”。他初得“瓢泉”，也写了一首词：

飞流万壑，共千岩争秀，孤负平生弄泉手。叹轻衫短帽，几许红尘，还自喜，濯发沧浪依旧。

人生行乐耳，身后虚名，何似生前一杯酒。便此地、结吾庐，待学渊明，更手种、门前五柳。且归去、父老约重来，问如此青山，定重来否。

——《洞仙歌·访泉于奇师村，得周氏泉，为赋》

词题里的奇师，就是期思。上片说：这个山上，有秀丽清奇的流水和岩石，像我这样好游山水的人，却几乎交臂失之。我自己虽然长久生活在红尘里，但还要保持自己的清白，可以来此濯发照影。下片用古人成语“身后名，不若生前一杯酒”，是表达他那时被迫退休、愤懑不平的心情的。他说要学陶潜的归隐，但他的心情是和陶潜并不相同的。

在瓢泉附近，有一座绵连百余里的名山，主峰叫鹅湖。

山下有一座寺院叫鹅湖寺，寺前十里苍松，参天蔽日，是铅山境内的名胜。南宋的著名学者朱熹、吕祖谦、陆九龄、九渊兄弟，曾经在这里辩论理学，这里是学术史上一个有名的胜地。辛弃疾和他的朋友，也常常到鹅湖寺去游憩。淳熙十五年冬天，辛弃疾在这里与他的好友陈亮纵谈十日。这是南宋词坛上一个著名故事“鹅湖之会”。

陈亮，字同甫，浙江永康人。他是当时以“经世致用”“救济时艰”为治学宗旨的浙东学派里的一个突出人物。他反对空谈心性，在政治上极力主张驱逐金人，恢复中原。乾道五年他曾上《中兴五论》，与辛弃疾的《十论》《九议》有很多相同的政见。淳熙五年他又向赵昚上书，请迁都建业，力图恢复，但南宋政府始终不加理会。他在临安上书时，曾经与辛弃疾结识，成为学术和政治上的同道。

淳熙十五年冬天，陈亮从他的故乡浙江永康来到江西访辛弃疾。这时，辛弃疾在小病中，看到陈亮，十分高兴。他俩或在瓢泉共饮，或同往鹅湖寺游散。“长歌相答，极论世事。”陈亮在铅山住了十天，才告别回去。辛弃疾在陈亮去后第二天，又亲自赶路，想挽留他再住几天。当他追到鹭鹚林的地方，因雪深泥滑，不能前去，才停了下来。那天，他在方村怅然独饮。夜半投宿于姓吴的泉湖四望楼，听到邻人吹笛声，凄然感伤，就写了一首《贺新郎》词：

把酒长亭说。看渊明、风流酷似，卧龙诸葛。何处飞来林间鹊，蹙踏松枝残雪。要破帽、多添华发。剩水残山无态度，被疏梅、料理成风月。两三雁，也萧瑟。

佳人重约还轻别。怅清江、天寒不渡，水深冰合。路断车轮生四角，此地行人销骨。问谁使、君来愁绝？铸就而今相思错，料当初、费尽人间铁。长夜笛，莫吹裂。

这首词上片写自己与陈亮会晤纵谈的喜悦，和对陈亮的敬爱心情。他把陈亮比作陶渊明、诸葛亮一流人物。说南宋的偏安局势，分明是“剩水残山”，不成局面，要依靠少数几位有正义感、有风骨的爱国志士，才能扶持国家的元气，但这些少数人物是孤独无助的。

下片是作者写自己在陈亮去后，依依惜别的心情。“天寒不渡”“行人销骨”，都是怀念留恋的意绪。末了，更写出对当权者偷安误国的痛心。

陈亮别后，写信来要他的词，辛弃疾就把这首《贺新郎》给他。从此，他们彼此唱和，又写了几首，都是沉郁慷慨的作品。绍熙五年陈亮病逝，辛弃疾给他写的祭文，还提起鹅湖之会不可复得，引起他深刻的回忆。

晚年起用和含恨去世

辛弃疾在带湖新居度过投闲置散的十一年生活之后，绍熙三年，南宋政府又起用他为“提点福建路刑狱公事”。这年他五十三岁。那时，朱熹正在建阳闲居，辛弃疾常常向他征求一些处理福建政务的意见。这年冬天，他又兼代福建路安抚使。

他在做福建路安抚使期间，曾经向南宋朝廷作了推行清查地亩所有权、均平赋役负担和改变盐法的建议，这些都是关系到当地人民生活的重大政事。这年他曾被宋光宗赵惇（dūn 敦）召见，他始终主张加强国防，力图恢复。曾上一篇《论荆襄上流为东南重地疏》，结尾指出：“愿陛下居安虑危，任贤使能，修车马，备器械，使国家有屹然金汤万里之固。”南宋朝廷对这个建议，并没有加以重视。只把他留在朝廷，做了半年的太府少卿。仍任他为知福州兼福建路安抚使。

绍熙四年秋天，辛弃疾重到福州。他看到福建为了供给宗室和军队粮饷，财政负担很重。他厉行节约，在几个月中，就节省下钱五十万贯，设置一个备安库，把这些钱储存起来，以待支应。他又打算造一万副铠甲，招募壮丁，扩充军额，训练一支像湖南“飞虎军”一样的武装部队。

他这一套理财、练兵的计划，却招来谏官黄艾的弹劾，加给他一个“残酷贪饕（tāo 涛）”的罪名，朝廷在绍熙五年八月就罢了他的官职。于是，辛弃疾又归来继续他的带湖、瓢泉的退休生活。这时，他写了一首《再到期思卜筑》的《沁园春》词，有句道：“喜草堂经岁，重来杜老；斜川好景，不负渊明。”“青山意气峥嵘，似为我归来妩媚生。”“清溪上，被山灵却笑，白发归耕。”这番，他没有前次退休时那样去国徘徊的心情，虽然仍有不少牢骚，但真觉得“意倦须还”了。

此次回来，他又在瓢泉修造些新房子。庆元元年（1195），他的带湖新居失火，他全家人就移居于铅山瓢泉新居。

当辛弃疾在铅山闲居时，又因谏官的弹奏，丢掉了集英殿修撰、主管建宁府武夷山冲佑观等空名。后来，又恢复了这些挂名的差事。他觉得自己几年来，已经是不再想做官了，但做官的事偏又来找他。他写一首《鹧鸪天》词道：

老退何曾说著官。今朝放罪上恩宽。便支香火真祠俸，更缀文书旧殿班。

扶病脚，洗衰颜。快从老病借衣冠。此身忘世浑容易，使世相忘却自难。

——《鹧鸪天·戊午拜复职奉祠之命》

在这二十年里，辛弃疾在江西过着退休官僚生活，作了好些饮酒遣兴的词，颓废思想里夹杂着个人得失的牢骚。他的晚年词篇也就因此比不上陆游的诗篇。

嘉泰三年（1203）辛弃疾六十四岁，这年六月，南宋朝廷又起用他为浙江东路安抚使。

这时候，金政权北部的蒙古族势力强大起来，金受到严重的威胁，它对北方汉族人民的掠夺、迫害，却更加残酷。太行山东、西以及河北、河南、山东等地的汉族人民，相继起义。嘉泰四年宋宁宗赵扩又召见辛弃疾，这时距离辛弃疾奏进《十论》，虽已过了四十年，但南宋的对敌投降屈服政策基本上没有变更。辛弃疾主张出兵北伐，要有一段时间做充分的准备，并提出必须把用兵任务交给元老重臣。而这所谓元老重臣，他无疑是把自己也包括在内的。这时南宋的当权者却是以韩侂胄为首的一批虚浮夸诞的人物。他们起用辛弃疾，不过想利用他的名望作北伐的旗帜而已。同年三月，辛弃疾被派到镇江去做知府，他仍然坚持对金人用兵必须有充分准备的主张。他预制了一万套军服，计划招募一万名土丁，练一支部队，为渡淮击敌之用。

但他在镇江仅满一年，要做的事情刚开始，南宋朝廷里韩侂胄集团又把他调到隆兴去。接着，又是谏官弹劾，把新任命也撤回了。六十六岁高龄的辛弃疾，又失望地从镇江返回铅山。

开禧二年春天，南宋朝廷又起用他做浙东安抚使，他上疏乞辞。这年五月，南宋朝廷正式发布伐金的命令，结果各路军队在韩侂胄的指挥下都溃败下来。而失败的原因，不出于辛弃疾的预见：鲁莽从事，准备不够。十二月，南宋朝廷向金求和；同时，又召辛弃疾入京奏陈对时局的意见，并且任命他做兵部侍郎，他一再力辞，不肯出山。

开禧三年秋天，金人以索取韩侂胄的首级作为议和的条件。韩侂胄大怒，再对金用兵；又想请辛弃疾出来为他作声援，起用他为枢密院都承旨。诏命到铅山之日，辛弃疾病已沉重，上章请辞。九月十日，这位爱国词人，就带着忧愤的心情，怀志以殁。

第三章

稼轩词的突出成就

继承苏轼词的豪放风格

南宋王朝，在秦桧当权的时候，赵构常被秦桧所左右。秦桧死，赵构告杨沂中说："朕今日始免得这膝裤中带匕首。"所以秦桧死后，赵构、赵昚便都不敢信任大臣，尤其是有才气、有魄力的人物。辛弃疾是从北方来的"归正军民"，统治者对他更加疑忌。他恢复中原的愿望，已形格势禁，不能实现，这牢骚、抑郁的情绪，又不能明白吐露。于是，只有婉转曲折地表达在他的词作里。

他在两度退休、二十年投闲置散的生活中，写出了三四百首词，占他全部词作三分之一。这就说明了当他政治生活最苦闷的日子，却是他文学创作最旺盛的时期。那时他写的词，常常是稿子还没有修改好，便被朋友们抢去收藏起来了。有时他随便写了没有录稿，有时写下来又烧了不留，所以他的词散佚了不少。辛弃疾的词在文学史上，历来是与北宋苏轼并称的。淳熙十五年戊申元旦，他的门人范开，编成了《稼轩词甲集》，并写了《稼轩词序》。序里写道：“世言稼轩居士辛公之词似东坡（苏轼），非有意于学坡也。自其发于所蓄者言之，则不能不坡若（似）也。”从这几句话，可知范开是认为辛弃疾的词是似东坡但又不是学东坡的。这就是说：从它表达思想内容的艺术风格来说，是和东坡相似的；但是辛词的成就，自有其特定的历史背景和政治斗争的思想感情作为它的创作源泉，而不是由于学习古人而来的。

南宋民族志士，坚持对金的积极抗战和对主和派的不调和斗争。他们抱有挽救国家民族的伟大志愿，他们感受到沦陷区人民被虐杀、奴役的深切痛苦与无比耻辱，他们遭受到南宋小朝廷的排挤、压抑，有英雄无用武之地的愤慨。所以他们的词，内容是深沉的，音节是悲壮苍凉的，或是悲咽的。他们的词继承了苏轼词的豪放风格，但又不为苏轼词风所局限。

就前面所述辛弃疾生活年代的历史背景，结合他的政治态度和思想感情，具体分析辛词豪放风格的成因，约有下列各点：

（1）南渡以来，黄河流域沦陷区几百万人民辗转挣扎于女真贵族统治下，和广大武装起义部队此仆彼起地冒死奋斗，这是辛弃疾早年时期所耳闻目睹的。他出生于民族矛盾很尖锐的山东，从小就在斗争中得到锻炼。这火热的斗争生活，无疑是他豪放的文学风格的主要成因之一。

（2）当他南来之初，正是南方士气日趋消沉的时候。他极恨秦桧以及南宋统治集团里一批投降分子的铢锄善类，摧折正气。他在上赵昚的《十论》中论及宋孝宗初年张浚符离之师虽败，“然计其所丧，方诸既和之后，投闲蹂躏，犹未若是之酷”。这意思是说：符离之役，虽然败兵折将，所失不小，但是比之战败之后，因要向敌求和而斥退了许多主战派有用人才，损失还不算很大，这是极言投降政策之损伤国家元气。这是很沉痛的话。他又恨那批恐敌病者倡说“南北有定势，吴楚之脆弱，不足以争衡于中原”的失败论。他在《十论》和《九议》里，举项梁用吴楚子弟坑秦军、破函谷的史实，来破他们以南北定勇怯的谬说。他主张迁都金陵“必先内有以作三军之气，外有以破敌人之心”，以打开南宋“待敌则恃欢好于金帛之间，立国则借形势于湖山之险”的苟安局面。当时汤思退、史浩等一批南方官僚仍奉行秦桧的投降政策，对民族志士压力很大。但是这种压力越大，引起正义人士的愤怒和反抗也就越强。这是他豪放风格成因的另一面。

（3）辛弃疾一生要恢复中原失地，这激起了他的正义感和事业心；同时，也激起他对南宋小朝廷里的投降派的不满和鄙视。但由于历史和阶级的局限，他不能坚强地和统治集团作抗争，又不肯与这批他所鄙视的人物同声气，这点兀傲不平的气概和长久被压抑的幽愤，交融酝酿，造成了他豪放而兼带沉郁的文学风格，这是第三点。

根据以上三点，可见所说辛词继承了苏轼词的豪放风格，绝不是机械地模仿和简单地因袭。

辛词的思想内容

辛弃疾六十四岁，从江西铅山乡间，被召起来知绍兴府兼浙东安抚使的时候，陆游作了一首诗送他“造朝”，结句引用了汉李广夜猎过霸陵亭，被亭吏侮辱，后来怀恨报复的典故说道：“深仇积愤在逆胡，不用追思灞亭夜！”这和陆游自己七十二岁作《书怀》诗所说：“世间余一念，河洛尚胡尘。”都写出当时爱国志士们沉痛的心情。民族矛盾是他们那个历史时代的特征，反映这个特征，表达要为祖国的兴复大业而贡献力量，在宋词里不仅辛弃疾一家。而辛弃疾因为投身这场战斗，那个大时代人民斗争的精神力量，给他的鼓舞和教育也就特别大。所以他的作品，在这方面能突出于当时各作家之上而另有其特色。

宋词反映民族矛盾，在文人作品里最早、最著名的一首，是范仲淹的《渔家傲·秋思》，它的下片说：“浊酒一杯家万里，燕然未勒归无计。羌管悠悠霜满地。人不寐，将军白发征夫泪。”它真实地反映了当时将士们的边塞生活与思乡心情。这样的作品，是与当时社会的重大问题有关，是具有现实意义的。它是苏轼、辛弃疾词派的先声。

南渡之后，统治集团在南方稍稍站稳脚跟的时候，便作苟安一隅、向敌人乞降求和的打算。有民族气节的爱国志士，誓死反对。在这场政治斗争中，拿词这种文学形式与主和派作斗争武器的，是福建长乐的张元幹。他的送胡铨、寄李纲的两首《贺新郎》，可说是当时政治斗争的号角。胡铨抗疏请斩秦桧，秦桧把胡铨谪往昭州。张元幹送胡铨的《贺新郎·送胡邦衡待制赴新州》说：

梦绕神州路。怅秋风、连营画角，故宫离黍。底事昆仑倾砥柱，九地黄流乱注？聚万落千村狐兔。天意从来高难问，况人情、老易悲难诉。更南浦，送君去。

凉生岸柳催残暑。耿斜河、疏星淡月，断云微度。万里江山知何处？回首对床夜语。雁不到，书成谁与？目尽青天怀今古，肯儿曹恩怨相尔汝？举大白，听《金缕》。

这首词写黄河流域沦陷后的情况，斥责昏庸统治者的投降政策；并对胡铨作热情的鼓励和支持，要他以豪迈豁达的态度，来应对投降派的打击。后来秦桧见了此词，假借他事，把张元幹削除官职。

张孝祥在建康留守席上作的《六州歌头》和咏采石战役的《水调歌头》，豪迈的气概，激昂的声调，也很振奋人心。

上引几位作家，年辈都早于辛弃疾。宋代到了这时，因为时代变了，词风也跟着转变。在北中国[①]烽火连天、哀鸿遍野的残酷现实面前，一部分有闲文人仍然欣赏着吟风弄月的靡靡之音的同时，也响起了抗敌英雄、爱国志士高昂的战歌和愤怒的吼声。

辛弃疾以其四十年政治生活和斗争为他的思想感情的基础，继承苏轼词的豪放风格，并接受范仲淹、张元幹、张孝祥等词家以词来反映民族国家重大题材的影响，在宋词中创造性地取得显著成就。他的词，不论在数量和质量上，都是宋词中的第一流。这里把他的作品的思想内容概括为下面几点来分析：

1. 反映收复失土的意志和对投降派偏安误国的痛恨

辛弃疾南归以后，并不因为偏安局面下表面暂时的安定，而忘记了失土，忘记了沦陷区的人民。虽然在二十年

---

① 以秦岭—淮河线为界，以北称北中国。

服官时期，受尽压抑、排挤的苦闷，但他从没有因此认为国事已不可为。即使在友朋酬唱的作品中，还是时常以平戎功业相鼓励。在屡次被弹劾、屡次被起用，挥之去、招之来的情况下，他对投降派弄权误国，始终是不满和反感的。他对恢复事业，是始终坚定地抱着积极的态度的。

淳熙六年春天，他从湖北转运副使改调为湖南转运副使。这时，他到南方来十多年了，恢复中原的策略，始终没有被南宋政府所采纳。而且接连四年，改官六次。这次调官湖南，又不是要他担任国防前线的任务，因此，他在临行时就写下一首《摸鱼儿·淳熙己亥，自湖北漕移湖南，同官王正之置酒小山亭，为赋》：

更能消、几番风雨，匆匆春又归去。惜春长怕花开早，何况落红无数。春且住。见说道、天涯芳草无归路。怨春不语，算只有殷勤，画檐蛛网，尽日惹飞絮。

长门事，准拟佳期又误，蛾眉曾有人妒。千金纵买相如赋，脉脉此情谁诉？君莫舞。君不见，玉环飞燕皆尘土。闲愁最苦。休去倚危栏，斜阳正在，烟柳断肠处。

这首词，表面上是写一个失宠女人的苦闷以及对春光迟暮的惋惜，其实作者是借此来比喻对国事的愤慨。

上片以暮春风雨，落红飞絮，象征南宋局势的危迫。下片写他希望朝廷信任自己，建立恢复中原的功业，但又长期为投降派所压抑。即使有人像司马相如替陈皇后作《长门赋》那样为自己陈说，这些复杂的感情，又向谁诉述呢？最后，警告那些妒忌他的人道：“得意的人们，不要太高兴吧！像玉环、飞燕那样得宠的人，现在也都化为尘土了，你们又会有什么好结果呢？栏杆外的斜阳，快要西沉了，你们的命运，不是也与靠近黄昏的情景差不多吗？”

词的主要内容，是反映他对国事的忧虑，被压抑的苦闷，以及对南宋朝廷当政者的不满。由于通篇用借喻，就语言表面看，是相当婉约的，但是当时赵昚看见这首词还很不高兴。可见这首词的实际情感，是很愤激的。

辛弃疾有一位老朋友韩元吉，原籍河南许昌，南渡后，官至礼部尚书。退休时住在上饶的南涧，著有《南涧词》。淳熙十一年韩元吉生辰，辛弃疾给他贺寿，写了一首《水龙吟·甲辰岁寿韩南涧尚书》：

渡江天马南来，几人真是经纶手？长安父老，新亭风景，可怜依旧。夷甫诸人，神州沉陆，几曾回首！算平戎万里，功名本是，真儒事，公知否？

况有文章山斗，对桐阴、满庭清昼。当年堕地，而今试看，风云奔走。绿野风烟，平泉草木，东山歌酒。待他年，整顿乾坤事了，为先生寿。

这首词，虽然只是祝寿应酬之作，但它反映作者的爱国心情。他鼓励韩元吉（也连自己在内）一辈从北方南来的人，不应消极因循，放弃了自己对国家民族的责任。词的上片是说渡江南来的人们，有几个真有政治才能和抱负的爱国志士！有些人，只是像东晋渡江的名士那样，徒然在新亭触景伤情。而南宋当权的投降派，像西晋的王衍（夷甫）一样，只是清谈误国，对国土沦亡，都无动于衷。所以，平戎万里的功业，要由社稷重臣来担负。下片是说：况且你是一个有地位、有文望的人，应该再出去做一番事业，才不辜负此生。至于像唐宰相裴度退休于绿野堂，李德裕筑了平泉庄，东晋谢安隐居东山，那只能等待我们把收复中原的事业完成以后，现在还是不应该想起这些晚年享乐的事情的。

江西永丰县之西二十里，有村庄名博山，辛弃疾曾经有词描写这里的景色说："比着桃源溪上路，风景好，不争多。"有一个夜里，他路过其地，独自宿在那里的王氏庵中。恰值急雨打窗，风声满树，把他从梦中惊醒了。他中宵不寐，写了一首《清平乐·独宿博山王氏庵》：

绕床饥鼠，蝙蝠翻灯舞。屋上松风吹急雨，破纸窗间自语。

平生塞北江南，归来华发苍颜。布被秋宵梦觉，眼前万里江山。

上片写冷落荒凉的夜景，留在这里，该会引起寂寞无聊的情绪。可是他接着在下片写出一个“平生塞北江南”，奔走国事的爱国志士，眼前对着的是“万里江山”，词人气概是何等豪壮！这里也透露出南宋小朝廷是怎样埋没有用的人才。

淳熙十五年冬天，辛弃疾和陈亮在鹅湖相会，“极论天下事”，互诉倾慕之情，前面已经叙过。陈亮和辛弃疾都是政治上被排斥的人物，二人同病相怜，辛弃疾有一首《破阵子·为陈同甫赋状词以寄之》寄给陈亮说：

醉里挑灯看剑，梦回吹角连营。八百里[1]分麾下炙，五十弦翻塞外声，沙场秋点兵。

---

① 指能行八百里的牛，用《世说新语》故事。

马作的卢[1]飞快，弓如霹雳弦惊。了却君王天下事，赢得生前身后名。可怜白发生！

这首词用浪漫的笔调，描写一位意气昂扬的将军形象。他夜里喝醉了酒，还挑灯来看剑。部下分吃烤熟的牛肉，弦乐奏着雄壮的塞外之声，广场上就要举行秋季阅兵。飞快的马都如“的卢”一样，霹雳似的弓弦叫人震惊。完成君王所付托的事业，取得生前身后的荣名。唉！可惜头发白了，报国无路，一切希望都已落空！

这首词依谱式应在“沙场秋点兵”句分片，依内容前九句为一意，末句“可怜白发生”另为一意。前九句写军容之盛和意气之豪，写建功立业的雄心和希望，都是想望之词。末句五字，却是现实情况，完全否定了前面的九句。前九句写得酣恣淋漓，正为加重末五字失望之情。

前面已经叙过，嘉泰四年正月，宋宁宗赵扩曾召见辛弃疾，要他陈述伐金的意见，但仍没有采取他充分做准备的主张，就用了韩侂胄一批人物，盲目冒进。这年四月，辛弃疾被派任镇江知府。他始终坚持收复中原须有准备的主张，可是韩侂胄只不过拿他作为北伐的幌子，并没有接

① 马名，因奔跑速度飞快而得名。

受他的主张，这使他颇为国事担心。他在镇江[1]时，有一回登上京口北固亭游览，对眼前壮丽河山，触景生情，就以“怀古”为题，写了一首《永遇乐·京口北固亭怀古》：

千古江山，英雄无觅，孙仲谋处。舞榭歌台，风流总被、雨打风吹去。斜阳草树，寻常巷陌，人道寄奴曾住。想当年，金戈铁马，气吞万里如虎。

元嘉草草，封狼居胥，赢得仓皇北顾。四十三年，望中犹记，烽火扬州路。可堪回首，佛狸祠下，一片神鸦社鼓。凭谁问，廉颇老矣，尚能饭否？

作者写这首词时已经六十五岁了。上片写江山依然壮丽，但像孙权（仲谋）、刘裕（寄奴）那样的一代人物，现在都不见了。下片借用南朝宋文帝冒险伐魏和汉霍去病战胜匈奴，在狼居胥山上祭天的历史故事来警告韩侂胄不应急于求立大功。接着想到自己当年在山东起义渡江的往事，至今忽忽四十三年。现在北望瓜步，还有人在佛狸祠[2]下祭拜异族统治者，令人无限悲愤。结句以廉颇自比，表示不

① 宋代镇江府辖境相当于今江苏镇江、丹阳、金坛等市地。

② 北魏太武帝拓跋焘小字为佛狸。曾在长江北岸瓜步山建立行宫，即后来的佛狸祠。

服老的战斗意志。

辛弃疾在镇江曾经又一次上北固亭怀想三国孙权、曹操的往事，写了一首《南乡子·登京口北固亭有怀》：

何处望神州？满眼风光北固楼。千古兴亡多少事？悠悠。不尽长江滚滚流！

年少万兜鍪，坐断东南战未休。天下英雄谁敌手？曹刘。生子当如孙仲谋！

全首词表示作者在垂暮之年，仍然向往于孙权那样的英雄人物。表面是怀古，实际上是伤今。下片“年少万兜鍪，坐断东南战未休”，是写孙权的英雄气概。“天下英雄”三句原是曹操的话，善于把古人的语言融入自己的词中，也是辛词的特色之一。

从上面举出的几首作品来看，辛弃疾词以豪放的风格，反映民族矛盾和爱国思想，是很热烈的；对英雄人物和投降分子的爱憎是极鲜明的。

2. 反映被迫退休生活

辛弃疾二十年的被迫退休生活，始终充满着沉郁和倔强的心情。他对着一丘一壑，虽也感觉悠闲自适，但终究非功成身退者可比。因此，他常常将不满现实的心绪，转化为孤介兀傲的情怀。有时觉得交游零落，辛弃疾要去找寻那些淳朴善良的老农民作为知心朋友。对眼前妩媚的青山，他认为与自己情貌相似，也有物我同化的幻想喜悦。

大约淳熙十三年左右，辛弃疾在上饶家居时，写下一首游鹤湖的《鹧鸪天·鹅湖归病起作》：

> 枕簟溪堂冷欲秋，断云依水晚来收。红莲相倚浑如醉，白鸟无言定自愁。
>
> 书咄咄，且休休，一丘一壑也风流。不知筋力衰多少，但觉新来懒上楼！

上片写新秋景象，暑去炎消，断云初收，红莲白鸟，好像忧乐心情不同。下片自写虽在这些美丽的景色中，还是感到愁闷。说自己也像晋朝的殷浩罢官以后，终日用手指在空中画字，作“咄咄怪事”四字；又似唐朝的司空图作亭名“休休”。接着说：“一丘一壑也风流。”是说在失意中只好得过且过，并非初心。末两句，原不是一般地叹老，而是感到自己的精力消耗于投闲置散之中，不能为国家尽力，因此闲淡中有无限感慨。

在带湖闲居的辛弃疾，对当时政治舞台上的钩心斗角，怀着厌恶的心情。大约淳熙十四年春天，他曾借“元夕”

为题，写了一首即景抒情的《青玉案》：

东风夜放花千树，更吹落、星如雨。宝马雕车香满路。凤箫声动，玉壶光转，一夜鱼龙舞。

蛾儿雪柳黄金缕，笑语盈盈暗香去。众里寻他千百度。蓦然回首，那人却在、灯火阑珊处。

上片写热闹的元宵放灯场面，花、星都是指灯。下片写在这样热闹场景的吸引下，装着“蛾儿”“雪柳”“黄金缕”首饰的游女们，笑语盈盈地都涌向街头去。在人群里寻找她那想望的人，偏是找不到；不料忽然回首，在灯火阑珊处，却见着了。这说明她不是一个赶热闹的人物。

通首以热闹场面，反衬冷落孤高的人。用许多辞藻写众人的车马服饰，而写到所想望的人，却只有淡淡的两句。这冷落孤高的女性，无疑就是作者自己的写照。

大约庆元四年，辛弃疾将近六十岁时，他在瓢泉已经住居多年，时常和当地的老农民们往来，他曾写了一首《鹧鸪天》：

石壁虚云积渐高，溪声绕屋几周遭。自从一雨花零落，却爱微风草动摇。

呼玉友，荐溪毛，殷勤野老苦相邀。杖藜忽避行人去，认是翁来却过桥。

上片写云影溪声，是农村幽静的环境。下片写在这样环境里，一位老农民高兴地准备了白酒、水菜，亲自去邀请作者来共饮。他在桥边看见行人，正要避开，仔细一看，却认得恰是所要邀请的作者，便过桥来迎接。这几句，用曲折的笔法，写出野老的热情，也反映了作者晚年安于村居生活的情趣。

他在瓢泉住了好几年，自己渐入老境了，平生交游，都离散零落。他一度独坐在“停云亭”里，对水声山色，娱赏之余，触景怀人，作了一首《贺新郎》：

甚矣吾衰矣！怅平生、交游零落，只今余几？白发空垂三千丈，一笑人间万事。问何物、能令公喜？我见青山多妩媚，料青山见我应如是。情与貌，略相似。

一尊搔首东窗里，想渊明、《停云》诗就，此时风味。江左沉酣求名者，岂识浊醪妙理？回首叫、云飞风起。不恨古人吾不见，恨古人不见吾狂耳。知我者，二三子。

陶渊明的《停云》诗，是思亲友的作品。作者有与渊明相同的心情：老了，知己无多，古人又不能识我，满眼都是争名夺利的人。只有尽情一醉，和青山、风、云做伴，来寄托这些愤慨。这时作者虽然寄情山水，但内心是并不平静的。

辛弃疾很敬爱陶渊明，他有好几首说陶渊明的词。这里读他的一首《水龙吟》吧：

> 老来曾识渊明，梦中一见参差是。觉来幽恨，停觞不御，欲歌还止。白发西风，折腰五斗，不应堪此。问北窗高卧，东篱自醉，应别有、归来意。
>
> 须信此翁未死，到如今、凛然生气。吾侪心事，古今长在，高山流水。富贵他年，直饶未免，也应无味。甚东山何事，当时也道，为苍生起？

这首词大意是说：我梦里仿佛曾看见了陶渊明，醒来后觉得心头沉重，酒也不愿饮，歌也懒得唱了。陶渊明自说过不惯为五斗米折腰的生活，但我疑心他的丢官归来，可能别有用意。他是一位凛然有生气的人，我很了解他，我可以说是他的知音朋友。我又想到东晋的谢安，他说自己将来不免于富贵，其实富贵究竟有什么味道呢？有人说谢安隐居东山（浙江绍兴），为了老百姓才出来做官，这点更是我所不了解的。

全首赞美陶渊明，其实是他不满当时政治现状，以放旷语反面写出自己被迫罢官以后的“幽恨”。

辛弃疾在隐居时期，有一首以“遣兴”为题的《西江月》道：

醉里且贪欢笑，要愁那得工夫。近来始觉古人书，信著全无是处。

昨夜松边醉倒，问松：“我醉何如？”只疑松动要来扶，以手推松曰：“去！”

全词写醉酒心情。上片说欢之可贪，因为它得之不易；古书之不可信，因为他眼前的社会现实，已经不似古书里所说的那样好。下片生动地描写醉态。因为自己醉了，看见静止的松树，好像活动起来，就与松树对话；疑心松树要来扶他，但他虽然醉了，还是不要松来扶。写出他自己倔强的性格。

从上述作品中，我们可以看见退休时期的辛弃疾，他的思想感情，表面上好像很闲适，而内心却是沉郁的。他的恢复大志，和当时政治上的客观现实，发生了不可调和的矛盾。这些作品是用曲折的笔调，生动的语言，把它鲜明地表达出来的。

3. 描写农村风物和农家生活

辛词里有十多首写农村的词，它是宋词里相当突出的一部分作品。词从晚唐五代转入“花间派”文人手中之后，成为宫廷、都市、贵族、豪门娱乐玩弄的文学；词家们不把农村作为创作的对象，农村生活也就很少反映到词里去。“词”和“农村”从此好像成为两个不相联系的名词。其实隋唐间词在民间初起的时候，并不如此。我们看唐代崔令钦著的《教坊记》中《曲名表》里，罗列许多当时教坊歌唱的曲名。虽然原词都已失传，而我们依曲名来推测，还是可以看得出它一部分是写农村的作品，并且其中一小部分可能是写农村劳动的，如《拾麦子》《锉碓子》等就是。后来说词的起源的人，不曾提起这些资料，大家也就忽略了这一部分词的来源了。

宋代词人在辛弃疾之前，只有苏轼的《东坡乐府》里有五首《浣溪沙》，是写徐州石潭附近农村的。

辛弃疾在带湖、瓢泉住的时候，也作了好几首有关农村的词，如写农村朴素生活的：

鸡鸭成群晚未收，桑麻长过屋山头。有何不可吾方羡，要底都无饱便休。

新柳树，旧沙洲，去年溪打那边流。自言此地生儿女，不嫁余家即聘周。

——《鹧鸪天·戏题村舍》

上片说农民只要有成群的鸡鸭，有比房子还高的桑麻，就没有其他奢望了。下片写柳树、沙洲、溪水这些自然界的景物，年岁久了也有变迁：沙洲会生灭，溪水会改道，而农民的生活却好像永远没有变化。他们的男婚女嫁，永远不出本村的余、周两姓。只举婚嫁一例，就可以概见他们生活简单的情状了。

又有一首《鹧鸪天·代人赋》：

陌上柔桑破嫩芽，东邻蚕种已生些。平冈细草鸣黄犊，斜日寒林点暮鸦。

山远近，路横斜，青旗沽酒有人家。城中桃李愁风雨，春在溪头荠菜花。

这首词的末两句是名句，说乡村人的生活比城市人来得稳定。城里人的大部分精神心力消耗于求名求利，乡村里却少有这些东西。荠菜花是城里人不当花看的，但它不愁风雨，稳占春光，却胜过了桃李。

他写乡村丰盛的生产：

东家娶妇，西家归女，灯火门前笑语。酿成千顷稻花香，夜夜费一天风露。

——《鹊桥仙·己酉山行书所见》的下片

明月别枝惊鹊，清风半夜鸣蝉。稻花香里说丰年，听取蛙声一片。

——《西江月·夜行黄沙道中》的上片

读了这些，令人想到宋人“升平不在箫韶里，只在诸村打稻声”的诗句。

他写农村劳动生产的情况：

大儿锄豆溪东，中儿正织鸡笼。最喜小儿无赖，溪头卧剥莲蓬。

——《清平乐·村居》下片

末两句是说除了最小的孩子之外，其余的人都在参加劳动。

他写农村妇女的行动和语言：

三三两两谁家女，听取鸣禽枝上语。提壶沽酒已多时，婆饼焦时须早去。

醉中忘却来时路，借问行人家住处。只寻古庙那边行，更过溪南乌桕树。

——《玉楼春》

这些作品都用自然闲淡的语言，写出乡村生活和劳动人民率真素朴的形象。

我国文人由于受儒家重农思想的影响，在各种文体里，都有歌颂农业的篇章。苏、辛的农村词，也填补了宋词里所缺少的这方面的内容。但是历代文人都因为局限于他们的阶级意识，总是看不起农民。举两个突出的例子：（1）六朝时有一位名士叫到溉，因为他的曾祖父到彦之曾务农担粪，到溉就被官僚何敬宗骂为“尚有余臭，遂学作贵人”。（2）宋代当涂县的地方官作重修李白墓记，述李白孙女嫁给农家，说她是“失身农夫”。这种思想的流毒在后来知识分子的头脑里也还存在。所以我们读辛弃疾这些反映农村生活的作品，也觉得另有其深远的意义。

但这里存在着一个问题，辛弃疾这些词，何以完全没有接触到被剥削的农民痛苦的一面？我们读他淳熙六年任湖南转运副使时所作一篇《论盗贼札子》（上文已引过），是一篇接触到当时阶级矛盾的文字，可见他是看到社会上这个大问题的。然而他不曾把这个看法写入他的农村词里去，这是什么原因呢？上文说过，他四十二岁居上饶带湖的时候，是以一位本地显贵官员（江西安抚使）而退休农村的；他在农村中造了一座很阔绰的庄园。五十岁居瓢泉，也是以福建安抚使退休的。再拿陶渊明和他作比较，陶渊明的诗，有写农民生活美好的一面，另一面也写他们穷困苦痛。这是因为他自己是经过“夏日长抱饥，寒夜无被眠”（《怨诗楚调示庞主簿邓治中》）的饥寒生活的。虽然陶渊明的饥寒和农民的穷困苦痛有所不同，但辛弃疾连像陶渊明的这种饥寒也从来没有感受过，怎能体会农民们的实际痛苦呢？

不过，我们既要指出辛词反映农村生活的不足之处，也要全面理解辛弃疾当时的处境和他的思想局限，不应该片面简单地否定他这些描写农村的好作品。

总之，辛弃疾在民族矛盾上升的时候，他为民族、为国家而发出慷慨激昂的正义呼号，或者低回往复诉说自己不平遭遇的幽愤，这两种情绪，交流杂糅，成为他豪迈奔放而又沉郁婉约的文学风格。这种生活情绪和文学风格的社会根源，是当时民族斗争中复杂重重的现实矛盾。

无可讳言，当他晚年政治上没有出路的时候，由于失意和哀愁也写一些消极颓废、情感不健康的作品。像绍熙五年，他五十五岁，在福建安抚使任时，想辞职归去，他的儿子以田产未置，劝他做下去，他写一首《最高楼》骂他道："吾衰矣，须富贵何时？富贵是危机。暂忘设醴抽身去，未曾得米弃官归。穆先生，陶县令，是吾师。待葺个、园儿名'佚老'，更作个、亭儿名'亦好'，闲饮酒，醉吟诗。千年田换八百主，一人口插几张匙？便休休，更说甚，是和非！"他说自己衰老了，还想什么富贵。汉代的穆生，因为楚王忘了置酒款待他，他觉得楚王待他怠慢，就称病归去了；陶潜不为五斗米折腰，罢官去职。这两位就是我的老师。快点归去过诗酒的悠闲生活，还说什么是和非！这些作品，虽然在他全集里是极少数，但我们若拿陆游六十八岁所作"僵卧孤村不自哀，尚思为国戍轮台。夜阑卧听风吹雨，铁马冰河入梦来"[①]这些诗句与他相比，我们不能不说他晚年的政治热情是远不及陆游那样饱满的。

辛词的艺术特点

辛词的艺术造就，突出的有下列四点：

1. 善于创造生动的形象

反抗民族压迫斗争，是辛词大部分作品的主要精神。

---

① 《十一月四日风雨大作》二首之一。

他终生投入这场热烈的斗争，他作品里反映这场斗争中的英雄人物，都是虎虎有生气的，如上文所引赠陈同甫（亮）的《贺新郎》等。他为自己写照的，如寄陈同甫的《破阵子》（醉里挑灯看剑……）、“有客慨然谈功名，因追念少年时事，戏作”的《鹧鸪天》（壮岁旌旗拥万夫……）等也是如此。他是从反抗斗争中成长起来的人物，他的思想感情是跳跃奔腾的，所以在他的眼里，好像世上一切现象，也都是跳跃奔腾的，连自然界里的山水也不例外。且看他写山各词：

> 叠嶂西驰，万马回旋，众山欲东。
>
> ——《沁园春·灵山齐庵赋时筑偃湖未成》

> 畴昔此山安在？应为先生见晚，万马一时来。
>
> ——《水调歌头·题张晋英提举玉峰楼》

> 青山欲共高人语，联翩万马来无数。
>
> ——《菩萨蛮·金陵赏心亭为叶丞相赋》

> 巨海拔犀头角出，来向此山高阁，尚依旧争前又却。
>
> ——《贺新郎·用韵题赵晋臣敷文积翠岩余欲令筑陂于其前》

这些都是用许多动荡的形象意态，来描写自然界的景物的。把众山描绘成像奔驰的马群，像海上巨犀突出的头角，使这类风景诗也充满豪气洋溢的生命力。前人以“烟水迷离”比喻词的境界，而辛词却是这样“千岩万壑”的气势！

2. 善于运用浪漫主义的手法表达丰富的想象

上文所举的各词，都是用自然界的现象来写人的性格和心情的。他还有用浪漫主义的手法，写他的丰富的想象的。如《水调歌头·用东坡韵叙太白东坡事答赵昌父》一首：

我志在寥阔，畴昔梦登天。摩挲素月，人世俯仰已千年。有客骖鸾并凤，云遇青山[①]赤壁[②]，相约上高寒。酌酒援北斗，我亦虱其间。

少歌曰：“神甚放，形则眠。鸿鹄一再高举，天地睹方圆。”欲重歌兮梦觉，推枕惘然独念，人事底亏全？有美人可语，秋水隔婵娟。

---

① 指李白，因他的墓在当涂青山。

② 指苏轼，因他曾作《赤壁赋》。

上片说，我是喜爱广阔境界的，过去，曾在梦里登天，爱玩那洁白的月亮，俯仰之间，人世上已是一千年了。那里的仙客们骑着鸾凤，碰到李白、苏轼，相约往天上去，拿北斗星舀酒喝，我也参加到他们的一群人里。

下片说，那时我唱着短歌："心情多么自由呵！身体多么舒适！我化为鸿鹄了，高飞呵！再高飞！那圆圆的天，方方的地，都在我们眼底！"我高兴地想再唱一遍，可是那美丽的梦，忽然醒了。我推开枕头在想念：人事本来是没有亏和全的。你看：李白、苏轼虽然不见了，但我还有一位好朋友赵昌父可以对语，可惜他和我还在别离之中。

这是他的《太常引·建康中秋夜为吕叔潜赋》的下片：

乘风好去，长空万里，直下看山河。斫去桂婆娑，人道是、清光更多。

一是概括《楚辞》和李白、苏轼的诗意，一是运用杜诗的成语，塑造光明阔大的形象，是他运用想象的出色作品。

3. 多样化的风格

辛弃疾词以"豪放"著名。拿"豪放"一词评辛词，有两种意义：一种是指他奔放驰骤、生气蓬勃的作品，上文所引各例已详。但辛词六百多首中奔放驰骤的只是一部分，这一部分虽然是他的主要作品，却不能包括他的整个风格。他的词也有秾纤似花间体的，如他自注学花间体的《唐河传》：

春水，千里，孤舟浪起，梦携西子。觉来村巷夕阳斜。几家，短墙红杏花。

晚云做造些儿雨，折花去，岸上谁家女。太狂颠。那边，柳绵，被风吹上天。

这词以梦中西子，引起梦醒看见似美人面颊的花朵；下片又由花而见眼前人，末了以“柳绵，被风吹上天”喻迷离恍惚的梦境，回应开头的梦。全首细腻活泼，和他赋落花的《粉蝶儿·和赵晋臣敷文赋落梅》同一风格：

昨日春如十三女儿学绣，一枝枝不教花瘦。甚无情便下得雨僽风僽，向园林铺作地衣红绉。

而今春似轻薄荡子难久。记前时送春归后。把春波都酿作一江醇酎，约清愁杨柳岸边相候。

他也有不少明白如话的作品，如《玉楼春》：

少年才把笙歌盏，夏日非长秋夜短。因他老病不相饶，把好心情都做懒。

故人别后书来劝，乍可停杯强吃饭。云何相遇酒边时，却道达人须饮满。

这首词他自注“效白乐天体”。也有似朱敦儒、李清照的，如：

近来何处有吾愁，何处还知吾乐。一点凄凉千古意，独倚西风寥廓。并竹寻泉，和云种树，唤做真闲客。此心闲处，未应长藉丘壑。

休说往事皆非，而今云是，且把清尊酌。醉里不知谁是我，非月非云非鹤。露冷松梢，风高桂子，醉了还醒却。北窗高卧，莫教啼鸟惊着。

——《念奴娇·赋雨岩效朱希真体》

千峰云起，骤雨一霎儿价。更远树斜阳，风景怎生图画？青旗卖酒，山那畔别有人家。只消山水光中，无事过这一夏。

午醉醒时，松窗竹户，万千潇洒。野鸟飞来，又是一般闲暇。却怪白鸥，觑着人欲下未下。旧盟都在，新来莫是，别有说话。

——《丑奴儿近·博山道中效李易安体》

此外，也有婉约秾丽像秦观、晏几道的小令的，如《临江仙》：

金谷无烟宫树绿，嫩寒生怕春风。博山微透暖薰笼。小楼春色里，幽梦雨声中。

别浦鲤鱼何日到。锦书封恨重重。海棠花下去年逢，也应随分瘦，忍泪觅残红。

如《祝英台近·晚春》：

宝钗分，桃叶渡，烟柳暗南浦。怕上层楼，十日九风雨。断肠片片飞红，都无人管，更谁劝啼莺声住！

鬓边觑，试把花卜归期，才簪又重数。罗帐灯昏，哽咽梦中语。是他春带愁来，春归何处，却不解带将愁去！

这些都是和他豪放驰骤的风格完全两样的。这种能刚能柔，不拘一格，纵横如意，又正是他豪放风格的另一表现。这原不是夸奢斗靡，作意求奇，也不是有心求胜古人或模仿古人，实因为他有广博的生活，复杂的感情，自然做到如此。

4. 高度运用语言的能力

辛词运用语言，在唐、宋词家中，可说达到当时最高的成就。这里分两方面来说：

（1）继承文学语言方面：辛词运用语言，打破了历来词家的狭窄框子，扩大了文学语言运用的范围。如《贺新郎》里“甚矣吾衰矣”，用了《论语》；“白发空垂三千丈”，用了李白《秋浦歌》；“不恨古人吾不见”二句，用《南史·张融传》；又《南乡子·登京口北固亭有怀》里“不尽长江滚滚流”，运用杜甫《登高》；“天下英雄谁敌手”三句，都是《三国志》里曹操的话；又《西江月·遣兴》里“近来始觉古人书，信著全无是处”，是运用《孟子·尽心》篇。像这种将《论语》《孟子》《三国志》《南史》中的典故以及李、杜诗句熔铸入词，以丰富词的语言，是辛词艺术特点之一。

毛晋在《稼轩词跋》中说：“宋人以东坡为词诗，稼轩为词论，善评也。”这是说苏轼以诗为词，辛弃疾以文为词。在苏轼以前，诗和词是不同的；苏轼打破了两者的界限，用作诗的方法来作词，开拓了词的境界。但词跟文还有不同，散文的表现方法，一般人不敢用到词里去。辛弃疾打破了这两者界限，进一步开拓词的境界。像《西江月·遣兴》“昨夜松边醉倒，问松：‘我醉何如？’只疑松动要来扶，以手推松曰：‘去！’”“以手推松曰：‘去’”，是用《汉书·两龚传》龚胜“以手推常曰‘去’”这句成语。“常”是指博士夏侯常。这里完全用散文的问答体写词，但仍符合词的韵律，不同于散文诗。这样以散文的语言为词的语言，是辛词艺术特点的另一面。

（2）在运用口语方面：辛弃疾运用口语为词的，如《武陵春》：

走去走来三百里，五日以为期。六日归来已是疑，应是望多时。

鞭个马儿归去也，心急马行迟。不免相烦喜鹊儿，先报那人知。

如《王孙信·调陈莘叟》：

有得许多泪，又闲却、许多鸳被。枕头儿、放处都不是。旧家时、怎生睡。

更也没书来，那堪被、雁儿调戏！道无书、却有书中意。排几个、人人字。

如《谒金门·和陈提干》：

山共水，美满一千余里。不避晓行并早起，此情都为你。

不怕与人尤殢，只怕被人调戏。因甚无个阿鹊地，没工夫说里。

“阿鹊地”是打喷嚏的声音。当时人说打喷嚏是由于有人在思念，这完全是民间语言。

又如《鹊桥仙·送粉卿行》：

轿儿排了，担儿装了，杜宇一声催起。从今一步一回头，怎睚得一千余里。

旧时行处，旧时歌处，空有燕泥香坠。莫嫌白发不思量，也须有思量去里。

这些作品，语言明白流利，艺术性也相当强。他也有些用口语作谐笑玩弄的，如《南乡子》《唐多令》《踏歌》等，那是效欧阳修、黄庭坚作品的，这里不多引了。

从苏轼一派以诗为词之后，词中便出现了许多书卷典故，这是唐代民间词和五代文人词中所没有的。辛弃疾比苏轼更进一步，在大量运用历史语汇之外，又大量运用民间语汇，把二者交融组织起来，自成特色，这是他对苏派词的发展。他的热烈的感情和高度的艺术修养，能指挥这样许多典故和语汇，为他自己抒情服务。如《永遇乐·京口北固亭怀古》一首，通过孙权、刘裕及宋文帝三人的故事，写出自己对国事的看法，对战局的关心和对韩侂胄草率北伐的不满。眼前的风光，信手拈来，十分恰当，这是他的特长。但是他这样做也有其缺点和流弊，所以有人讥笑他“掉书袋”。岳珂的《桯史》[①]记他在镇江时向辛弃疾提出这一意见，辛弃疾自己也承认这一缺点，回答岳珂说：“夫君[②]实中予痼。”“乃味改其语，日数十易，累月犹未竟。”这足见他创作的虚心严肃的态度，是一个很有意义的文学故事。

辛弃疾六百多首词里，有一部分感情是有历史局限的，但总的说来，比之宋词其他词家，就显得那是大醇小疵，无损于辛弃疾在南宋词坛上所处的中流砥柱的地位。他的作品感召力之大，就思想内容论，在宋词里也没有人能比

---

① 岳珂是岳飞之孙，《桯（tīng）史》是岳珂所著记载两宋野史见闻的随笔。

② 古人对朋友也称“夫君”。

得上他。凡是正视现实、勇于奋斗的作家，无不受他的影响，例如与他同时的陈亮、刘过，后来的刘克庄、元好问、刘辰翁，一直到清代的陈维崧、文廷式等。虽然因为他们的时代有先后，受影响的程度不完全相同，但他们的作品，都多方面受辛词的感染，那是大家所公认的。

总之，凡是伟大不朽的文学作品，多数是时代的号角；凡是伟大不朽的作家，多数是站在时代前线的战士。辛弃疾词在宋代词坛上享有很高的声誉，而且在中国文学史上占有崇高的地位。他是当时民族斗争战线上的一员战士，是始终参加这一火热斗争的人，他的大部分歌词和那个时代的现实斗争有密切的联系，反映了那个时代的主要社会矛盾和人民的要求。我们知道，词这种文学，到了南宋那时，由于数百年来许多作家辛勤业绩的积累，已经发展到相当成熟的地步。辛弃疾是那个时代第一流作家，投身于那个时代前线的战斗，运用、提高这种文学作为战斗的武器，这是北宋词人所不曾取得的业绩。同时也由于这个大时代里广大人民对他的教育和鼓舞，使他的作品的精神力量，反过来在当时和后代，起了鼓舞人心的作用。我们必须先认识他这点精神，才能继承发扬他伟大的文学传统，才能使他的《稼轩长短句》——这一丛生气蓬勃、光彩夺目的花朵，永远开放在我国和世界的文坛上。

第四章

辛弃疾的诗

辛弃疾《稼轩长短句》之外，今还遗留一百二十多首诗，这些诗的成就虽然比不上他的词，但是我们读辛弃疾全部作品时，也不可以忽略它。

他诗篇里有自写政治遭遇的愤慨的，著名的一首是《送别湖南部曲》：

青衫匹马万人呼，幕府当年急急符。
愧我明珠成薏苡，负君赤手缚於菟[①]。
观书到老眼如镜，论事惊人胆满躯。
万里云霄送君去，不妨风雨破吾庐。

这是他回忆自己早年被廷臣排挤的往事，因送别湖南旧部曲引起这些感慨。前四句叙述从前在湖南军中和部下同生活的经过：首二句写战斗；第三句引用了东汉马援从域外带回一车薏苡，死后有人向皇帝诽谤他说载回的都是

① 楚人叫虎为於菟（wū tú），见《左传》。

珠宝的这个历史故事，来比喻自己被谗去职；第四句说自己有负于诸将士的杀敌之功；五、六两句说自己罢官以后还有雄心壮志；七、八两句希望部曲们前程万里，并写了自己的失意生活，分两层作结。

他写自己在政治上的牢骚，有借咏物来表达的，如《江郎山和韵》：

三峰一一青如削，卓立千寻不可干。
正直相扶无倚傍，撑持天地与人看。

如《游武夷作棹歌呈晦翁十首》之七：

巨石亭亭缺啮多，悬知千古也消磨。
人间正觅擎天柱，无奈风吹雨打何。

两首都是山水诗，前首写自己的人品气象，下首写有“擎天”的雄心壮志而屡被统治集团所打击，虽为朱熹（晦翁）而发，也自己写身世之感。又如《送剑与傅岩叟》：

镆邪三尺照人寒，试与挑灯子细看。
且挂空斋作琴伴，未须携去斩楼兰。

这也是咏物之作，外表好像是消沉的话，其实是写“报国欲死无战场”（陆游诗）的感慨。也有借咏古人来表达这种情绪的，如《江行吊宋齐邱》的上半首：

尝笑韩非死《说难》，先生事业最相关。
能令父子君臣际，常在干戈揖逊间。

这当是借南唐权臣宋齐邱来斥责当时那批在朝廷挑拨是非、残害善类的奸人。以上这些都是包含政治感情的作品。

写生活情趣而饶有寓意的，像《和杨民瞻韵》：

拄杖闲题祖印来，壁间有句试参怀。
从来歌舞新罗袜，不识溪山旧草鞋。

《同杜叔高祝彦集观天保庵瀑布主人留饮两日且约牡丹之饮》二首之二：

只要寻花子细看，不妨草草有杯盘。
莫因红紫倾城色，却去摧残黑牡丹。

《移竹》：

每因种树悲年事，待看成阴是几时。
眼见子孙孙又子，不如栽竹绕园池。

这些小诗虽然有的为应酬而作，但是言外都带点哲理意味。他也有些谈哲理的诗，如《读〈语〉〈孟〉二首》《读邵尧夫诗》《书渊明诗后》等，未免堕入理障，却不如这些小诗更饶诗趣。

辛弃疾也有些作品学苏轼、黄庭坚以押难韵见巧的，如《蒌蒿宜作河豚羹》及《吴克明广文见和再用韵答之》两首，原作云：

河豚挟鸩毒，杀人一脔足。
蒌蒿或济之，赤心置人腹。
方其在野中，卫青混奴仆。
及登君子堂，园绮[①]成骨肉。
暴乾及为脯，拳曲猬毛缩。
寄君频咀嚼，去翳如折屋。

---

① 指汉代商山四皓中的东园公、绮里季，因保护汉高祖太子刘盈而著名。

和章云：

彼茁江汉姿，当春风露足。
美芹或以献，深愧野人腹。
君诗穷草木，命骚可奴仆。
更怜无俗韵，爱竹不爱肉。
渠侬如石鼎，正作蛟龙缩。
欲烹无鱼来，苍蝇声绕屋。

这种和诗，虽然运用原韵而能自由发挥，但只是艺术工巧的一面，没有多大的文学意义。

据旧史书说，辛弃疾少年时，他的老师蔡光对他说："子之诗则未也，他日当以词名家。"这虽然是未必可信的传说，但他的诗不如词，却是定论。其原因一是作品本来少，二是亡佚多。他的诗文集散失已久，现今保存下来的这一百多首诗，都作于退休以后，只反映了一些晚年生活的思想感情，不是他的精神全貌。论内容，决不能跟陆游的诗相比；论艺术，也比不上苏轼、黄庭坚诸家。但是我们现在无法看到他的全集，就不应以偏概全。并且在这些仅存的诗篇里，也有可以和他的词篇相印证的作品，所以我们研究辛弃疾的词和他的整个文学风貌，还应该注意这些诗篇。

第五章

结语

辛弃疾是生长在当时金政权统治区里的青年，由于对入侵者残酷统治的痛恨，和对沦陷区人民水深火热生活的同情，他毅然决然抛弃那个可以苟取富贵的社会地位，率领起义军，投入耿京部下，参加民族抗敌斗争的伟大行列。无疑，他是我国历史上一位可敬仰的爱国志士。

以南宋统治者赵构为首的投降主义集团，对于辛弃疾这样的英雄人物，既要利用他，又不敢信任他；既要排挤他，又不能丢弃他；对他积极练兵，准备收复的策划，总有所顾忌。因此，他的《十论》《九议》的平戎大计便始终不得实现，并且屡屡横遭诬蔑，被迫退休。带湖、瓢泉的二十年投闲置散的生活，迫使他在沉重压力下，发出反抗的心声，借“词”这种文学形式作为对投降派斗争的武器。这是他的《稼轩长短句》的主要创作动力。

稼轩词的思想内容，主要是反映民族矛盾和表达爱国精神的，这需要有与抒发这种思想感情相适应的艺术手法，便自然地继承并发展了苏轼一派的豪放风格。

他的词不仅在宋代词坛上是最高成就者，对于后代词家的影响也是很深远的。他始终被公认为我国文学史上一位杰出的爱国作家。

但是，我们也应看到，辛弃疾毕竟生活在八百多年前的封建社会。出身于官僚地主家庭，他所受的教养和自身的经历，使他的思想意识不能不受到历史的局限，打上阶级的烙印。这从他亲手镇压过当时的“茶商军”，污蔑反抗封建王朝的人民为“盗贼”，并策划加以灭绝，以及他的词篇里那许多抒发个人失意的牢骚，等等，可以证明。因此，对待他的六百多首词篇，我们必须以历史唯物主义的观点，吸取它的精华，剔除它的糟粕，批判地继承这份蕴藏着珍贵成分的文学遗产。

附录一

辛弃疾名篇欣赏

辛弃疾的《水龙吟·登建康赏心亭》

《水龙吟·登建康赏心亭》是我国文学史上的著名词篇。作者辛弃疾是我国南宋杰出的爱国词人。辛弃疾，字幼安，号稼轩，绍兴十年出生于山东济南历城。他的幼年和青年时代，都是在女真族奴隶主贵族金政权的统治下度过的。残酷的民族压迫，劳动人民的英勇抗战，历代爱国志士的斗争业绩，给了他深刻的教育和影响。1161年，女真族奴隶主贵族大举南犯，二十二岁的辛弃疾率领群众两千人在家乡起义，并参加了以耿京为首的农民抗金起义军，担任了掌书记的职务。在起义军队伍的几个月里，他表现出非凡的勇敢和坚定，干了两件非常出色的事。一件是，一个叫义端的和尚叛变投敌，辛弃疾亲往追捕，当场斩了这个叛徒；另一件是，亲自率领五十骑兵，直闯驻有五万大军的金营，活捉了杀害耿京、瓦解起义军的叛徒、内奸张安国，渡过淮水，到达建康，把他交给南宋朝廷处决。辛弃疾在抗金斗争中所表现的这些英雄行为，受到当时人民的景仰和称赞。

辛弃疾到了南方，这时耿京的起义军已经失败，他便留在南宋。从此以后，他继续坚持爱国主义立场，用他饱含激情的词和文章，宣传北伐抗金、收复中原、统一全国的主张。但是，以宋高宗赵构为首的南宋政府，从汴京逃到临安以后，偏安江南。他们对金统治者屈辱求和，置沦陷区广大人民于不顾，自己则在杭州的西湖游宴玩乐。他们对起义军一直是害怕的。辛弃疾渡江南来之后，首先被解除了武装，后来才被派往江阴军做签判，签判是签书判官厅公事的简称，是帮助地方官处理政务的小官。

尽管南宋政府对辛弃疾大材小用，不予重视，他还是不顾自己职位的低微，针对南宋政府中主和派所谓“南北有定势，吴楚之脆弱不足以争衡于中原”的谬论，独抒己见，写成《十论》，上奏皇帝。在这篇奏章中，辛弃疾分析了宋金形势、和战前途、民心向背，指出金统治者外强中干的情况，不是无隙可乘。他不仅痛斥了主和派的投降主义谬论，而且还详细论述了南宋应采取的自强之策和收复中原的具体部署。《十论》集中表达了辛弃疾的一片忠贞爱国之心，充分显示了他的深邃智谋和复国韬略。他怀着满腔热切的希望，于乾道元年上奏朝廷，结果奉行投降主义路线的南宋政府以“讲和方定”（见《宋史》本传）为理由而不予理睬。辛弃疾回顾自己渡江南来以后，曾经尽了最大的努力，把自己心中想说的忠贞爱国的肺腑之言都陈奏给皇帝了。可是南宋统治集团好比是一个患恐敌病的重病人，任凭怎样想办法去鼓舞他们，把他们拔出于消沉畏缩的气氛之中，都是徒劳无功。正如陆游在一首诗中所说："诸公尚守和亲策，志士虚捐少壮年！"报国无门，壮志难申，辛弃疾这时心中的悲愤是可想而知的。这一切，就是他登建康赏心亭时写下这首传诵千古的《水龙吟》词的背景。

楚天千里清秋，水随天去秋无际。遥岑远目，献愁供恨，玉簪螺髻。落日楼头，断鸿声里，江南游子。把吴钩看了，栏杆拍遍，无人会、登临意。

休说鲈鱼堪脍，尽西风、季鹰归未？求田问舍，怕应羞见，刘郎才气。可惜流年，忧愁风雨，树犹如此！倩何人唤取，红巾翠袖，揾英雄泪！

先从题目说起。建康，又名金陵，即今江苏省南京市。建康在历史上是有名的城市，它是东吴、东晋、刘宋、南齐、南梁、南陈六个朝代的都城。赏心亭是南宋建康城上的亭子。据《景定建康志》记载："赏心亭在（城西）下水门之城上，下临秦淮，尽观览之胜。"

这首《水龙吟》词，上片大段是写景：由水写到山，由无情之景写到有情之景，很有层次。开头两句，“楚天千里清秋，水随天去秋无际”，是作者在赏心亭上所见的江景。写得气象阔大，笔力遒劲。意思是说，楚天千里，辽远空阔，秋色无边无际。大江流向天边，也不知何处是它的尽头。“楚天”的“楚”，泛指长江中下游一带，这里战国时曾属楚国。“水随天去”的“水”，指浩浩荡荡奔流不息的长江，也就是苏轼《念奴娇·赤壁怀古》词中“大江东去”的大江。“千里清秋”和“秋无际”，写出江南秋季的特点。南方常年多雨多雾，只有秋季天高气爽，才可能极目远望，看见大江向无穷无尽的天边流去。

下面“遥岑远目，献愁供恨，玉簪螺髻”三句，是写山。意思是说，放眼望去，那一层层、一叠叠的远山，有的很像美人头上插戴的玉簪，有的很像美人头上螺旋形的发髻，可是这些都只能引起我对丧失国土的忧愁和愤恨。“玉簪螺髻”一句中的“玉簪”，是古代妇女的一种首饰；“螺髻”，指古代妇女一种螺旋形发髻。韩愈有“水作青罗带，山如碧玉篸”的诗句（篸即簪）。“遥岑”，即远山，指长江以北沦陷区的山，所以说它“献愁供恨”。这里，作者一方面极写远山的美丽——远山愈美，它引起作者的愁和恨，也就愈加深重；另一方面又采取了移情及物的手法，写远山“献愁供恨”。实际上是作者自己看见沦陷区的山，想到沦陷的父老姊妹而痛苦发愁。但是作者不肯直写，偏要说山向人献愁供恨。山本来是无情之物，连山也懂得献愁供恨，人的愁恨就可想而知了。这样写，意思就深入了一层。

“楚天千里清秋，水随天去秋无际”两句，是纯粹写景，至“献愁供恨”三句，已进了一步，点出“愁”“恨”两字，由纯粹写景而开始抒情，由客观而及主观，感情也由平淡而渐趋强烈。作者接着写道：“落日楼头，断鸿声里，江南游子。把吴钩看了，栏杆拍遍，无人会、登临意。”意思是说，夕阳快要西沉，孤雁的声声哀鸣不时传到赏心亭上，更加引起了作者对沦陷的故乡的思念。他看着腰间佩带的不能用来杀敌卫国的宝刀，悲愤地拍打着亭子上的栏杆。可是又有谁能领会他这时的心情呢？

这里“落日楼头，断鸿声里，江南游子”三句，虽然仍是写景，但同时也是寓情。落日，本是自然景物，辛弃疾用“落日”二字，含有比喻南宋朝廷日薄西山、国势危殆的意思。原来宋孝宗继位后，一度起用主战派的张浚主持军政。张浚在隆兴元年对金发动军事攻势，不幸在符离（今属安徽宿州）被金军打败。于是主和派的势力和舆论又在南宋政府中占上风。辛弃疾这时登上建康赏心亭，面对着衔山的落日，想起南宋君臣在符离战败后又陷入一片消沉气氛之中，这同诸葛亮《前出师表》中所描写的“此诚危急存亡之秋也”的情景是一样的。“断鸿”，是失群的孤雁。辛弃疾用这一自然景物来比喻自己飘零的身世和孤寂的心境。“游子”，是辛弃疾直指自己。一般地说，凡是远游的人都可称为游子，辛弃疾是从山东来到江南的，当然是游子了。但是辛弃疾渡江淮归南宋，原是以南宋为自己的故国，以江南为自己的家乡的。可是南宋统治集团不把辛弃疾看作自己人，对他一直采取猜忌、排挤的态度，致使辛弃疾觉得他在江南真的成了游子了。

如果说上面“落日楼头，断鸿声里，江南游子”三句是写景寓情的话，那么“把吴钩看了，栏杆拍遍，无人会、登临意”三句，就是直抒胸臆了。但这里，作者又不是直接用语言来渲染，而是选用具有典型意义的动作，淋漓尽致地抒发自己报国无路、壮志难酬的悲愤之情。作者写的第一个动作是“把吴钩看了”（“吴钩”是吴王阖闾所造的钩形刀）。杜甫《后出塞》诗中就有“少年别有赠，含笑看吴钩”的句子。“吴钩”，本是战场上杀敌的锐利武器，但现在却闲置身旁，无处用武，这就把作者空有沙场杀敌的雄心壮志，却是英雄无用武之地的苦闷也烘托出来了。以物比人，这怎能不引起辛弃疾的无限感慨呀！“把吴钩看了”，这一个动作却把作者此时此地的思想感情全部表现出来了。

然而作者还嫌不足，接着又写了第二个动作“栏杆拍遍”。据《渑水燕谈录》记载，一个“与世龃龉”的刘孟节，他常常“凭栏静立，怀想世事，吁唏独语，或以手拍栏干，尝有诗曰：‘读书误我四十年，几回醉把栏干拍’”。“栏杆拍遍”是表示胸中那说不出来的抑郁苦闷之气，借拍打栏杆来发泄的意思，用在这里，就把作者徒有杀敌报国的雄心壮志而又无处施展的急切悲愤的情态宛然显现在读者面前。另外，“把吴钩看了，栏杆拍遍”，除了典型的动作描写外，还由于采用了运密入疏的手法，把强烈的思想感情寓于平淡的笔墨之中，因而这两句看似寻常无奇，但内涵却非常丰厚，十分耐人寻味。

辛弃疾一腔热忱，满腹悲愤，但是不被南宋当权者所理解，所以他接着写道“无人会、登临意”，慨叹自己空有恢复中原的抱负，而南宋统治集团中没有人是他的知音。

到这里，词的上片已经完了。如果说上片主要是写景抒情的话，那么下片就是直接言志了，也就是具体申说无人理会的登临之意了。

下片十二句，分四层意思：

“休说鲈鱼堪脍，尽西风、季鹰归未？”尽是尽管、纵然。意思是说：尽管西风起来了，季鹰归来没有呢？这里引用一个典故：晋朝人张季鹰，在洛阳做官，见秋风起，想到家乡的味美的鲈鱼，便弃官回乡（见《晋书·张翰传》)。这意思是说，现在“尽西风”的深秋时令又到了，连大雁都知道寻踪飞回旧地，何况我这个漂泊江南的游子呢？然而自己的家乡如今还在敌人的铁蹄蹂躏之下，想回去也回去不了呀！“尽西风、季鹰归未？”既写了有家难归的乡思，又抒发了对异族入侵的仇恨和对不思复国的南宋朝廷的激愤，确实起到了一石三鸟的效果。乡思，与前面的“游子”呼应，是“落日”“断鸿”背景里“游子”的真情流露；对敌人的仇恨和对朝廷的激愤，又呼应“遥岑远目，献愁供恨”，并为它做了最好的注脚。

“求田问舍，怕应羞见，刘郎才气”，是第二层意思。求田问舍就是买地置屋。刘郎，指三国时的刘备，这里泛指有大志之人。这也是用了一个典故：三国时许汜去看望陈登，陈登对他很冷淡，独自睡在大床上，叫他睡下床。后来许汜把这事告诉刘备，刘备说：“天下大乱，你忘怀国事，求田问舍，陈登当然瞧不起你。如果碰上我，我将睡在百尺高楼，叫你睡地下，岂止相差上下床呢？”(《三国志·陈登传》）紧接前面，这里大意是说，既不学为吃鲈鱼脍而还乡的张季鹰，也不学求田问舍的许汜。许汜因求田问舍，而被刘备和陈登看不起，也被辛弃疾看不起。“怕应羞见”的“怕应”二字，是辛弃疾为许汜设想，表示怀疑，意思是说：像你（指许汜）那样的琐屑小人，自己有何面目去见像刘备那样的英雄人物？

“可惜流年，忧愁风雨，树犹如此”，是第三层意思。流年，即年光如流；风雨，指国家在风雨飘摇之中；“树犹如此”也有一个典故，据《世说新语》记载：桓温北征，经过金城，见自己过去种的柳树已长到几围粗，便感叹地说：“木犹如此，人何以堪！”意思是说，树已长得这么高大了，人怎么能不老大呢！辛弃疾这三句包含的意思是：我所忧惧的，只是国事飘摇，时光流逝，北伐无期，恢复中原的夙愿不能实现，辜负了平生的雄心壮志，如此而已。这里，控诉南宋统治集团不能任用人才，使爱国志士无所作为，虚掷年华，已经淋漓尽致，它使我们仿佛又一次看到了作者“栏杆拍遍”、悲愤欲绝的情状。“可惜流年，忧愁风雨，树犹如此”三句，是全首《水龙吟》词的核心。上面“鲈鱼堪脍”和“求田问舍”两例，都不是主，而是宾。至“可惜流年”三句，才是全词最主要的部分。可以说，前面引过的陆游的“志士虚捐少壮年”的诗句，正是体现了辛弃疾这首《水龙吟》词的主题思想。到这里，作者的感情经过层层推进，已经发展到最高点，等于是一出戏中的高潮。

下面就自然地过渡到词的结尾了，也就是作者抒发的“登临意”的第四层意思：“倩何人唤取，红巾翠袖，揾英雄泪！”倩，在这里是“请、央求”的意思。“红巾翠袖”，是少女的装束，这里就是少女的代名词。在宋代，一般游宴娱乐的场合，都有歌伎在旁唱歌侑酒，所以，“红巾翠袖，揾英雄泪”，可以理解为这是当时一般生活现象和辛弃疾个人生活现象在这首词中留下的痕迹。这三句是写辛弃疾自伤抱负不能实现，时无知己，得不到同情与慰藉的悲叹。亦与上片“无人会、登临意”相呼应。

昆曲《宝剑记·夜奔》中有这样的唱句：“丈夫有泪不轻弹，只因未到伤心处。”英雄何至于流泪，这说明辛弃疾当时心中是多么苦闷和伤心！

辛弃疾是南宋词坛上豪放派的代表作家。他的词纵横挥洒，慷慨激昂，有的抒写恢复中原的雄心，有的倾诉壮志未酬的悲愤，有的歌颂祖国河山的壮丽，爱国思想是他一生创作的基调。他与北宋的苏轼并称“苏辛词派”，但他的思想感情远较苏轼丰富。他融会经、史、子、集，创作出多种多样风格的词篇，其成就是极其突出的。这首《水龙吟》词，风格属于豪放一类。它不仅对辛弃疾生活着的那个时代的矛盾有所反映，有比较深厚的现实内容，而且，运用圆熟精到的艺术手法把内容完美地表达出来，直到今天，仍然具有极其强烈的感染力量，使我们百读不厌。

（与无闻合写）

肝肠似火 色貌如花

摸鱼儿

淳熙己亥，自湖北漕移湖南，

同官王正之置酒小山亭，为赋。

更能消、几番风雨，匆匆春又归去。惜春长怕花开早，何况落红无数。春且住。见说道、天涯芳草迷归路。怨春不语，算只有殷勤、画檐蛛网，尽日惹飞絮。

长门事，准拟佳期又误，蛾眉曾有人妒。千金纵买相如赋，脉脉此情谁诉？君莫舞。君不见、玉环飞燕皆尘土。闲愁最苦。休去倚危栏，斜阳正在、烟柳断肠处。

这是辛弃疾四十岁时，也就是宋孝宗淳熙六年暮春写的词。辛弃疾自1162年渡淮水来归南宋，十七年中，他抗击金军、恢复中原的爱国主张，始终没有被南宋朝廷所采纳。南宋朝廷不把他放在抗战前线的重要位置上，只是任命他做闲职官员和地方官吏，使他在湖北、湖南、江西等地的任所转来转去，大材小用。这一次，又把他从湖北漕运副使任上调到湖南继续当漕运副使。漕运副使是掌管粮运的官职，对辛弃疾来说，做这种官当然不能施展他的大志和抱负。何况如今又把他从湖北调往距离前线更远的湖南后方去，更加使他失望。这次调动任职，使辛弃疾意识到这是南宋朝廷不让抗战派抬头的一种表示。不让抗战派抬头，关系到辛弃疾个人，事情尚小，关系到国家民族，那问题就大了。当时女真统治者的军队屡次南下犯境，南宋朝廷中的主和派采取妥协投降的错误政策。他们不仅忘了“徽钦之辱”，并且忍心把中原沦陷区广大人民长期置于女真贵族统治之下，过着水深火热的生活。收复山河的大计，已为纳金币、送礼物的投降政策所代替。辛弃疾目睹这种状况，满怀悲愤，他空有收复河山的壮志，而多年来一直无法实现。所以这次调离湖北，同僚置酒为他饯行的时候，他写了这首《摸鱼儿》词，抒发他胸中的郁闷和感慨。这首词内容包括：第一，对国家前途的忧虑；第二，自己在政治上的失意和哀怨；第三，对南宋当权者的不满。

以下对这首词作简单的解释：

上片起句“更能消、几番风雨，匆匆春又归去”，其意是：如今已是暮春天气，哪里禁得起再有几番风雨的袭击？这显然不是单纯地谈春光流逝的问题，而是另有所指的。

“惜春长怕花开早”二句，作者揭示自己惜春的心理活动：由于怕春去花落，他甚至于害怕春天的花开得太早；因为开得早也就谢得早，这是对惜春心理的深入一层的描写。

“春且住”三句，由于怕春去，他对它招手，对它呼喊：春啊，你停下脚步，别走啊！但是春还是悄悄地溜走了。想召唤它归来，又听说春草铺到了遥远的天边，遮断了春的归路，春是回不来了。因此产生“怨春不语”的感情。就是说，心里怨恨没有把春留住，有话难以说出口来。

“算只有”三句，意思是：看来最殷勤的，只有那檐下的蜘蛛，它为了留春，一天到晚不停地抽丝结网，用网儿来网住那飞去的柳絮。

下片一开始就用汉武帝陈皇后失宠的典故，来比拟自己的失意。自“长门事”至“脉脉此情谁诉”一段文字，说明“蛾眉见妒”，自古就有先例。陈皇后被打入冷宫——长门宫，是因为有人在忌妒她。她后来拿出黄金，买得司马相如的一篇《长门赋》，希望用它来打动汉武帝的心。但是她所期待的“佳期”，仍属渺茫。这种复杂痛苦的心情，对什么人去诉说呢？

“君莫舞”二句的“舞”字，包含着高兴的意思。“君”，是指那些忌妒别人来邀宠的人。意思是说：你不要太得意忘形了，你没见杨玉环和赵飞燕后来不是都死于非命吗？安禄山攻破长安后，在兵乱中，唐玄宗被迫把杨玉环缢死于马嵬坡。赵飞燕是汉成帝的皇后，后来被废黜为庶人，终于自杀。“皆尘土”，用《赵飞燕外传》附《伶玄自叙》中的语意。伶玄妾樊通德能讲赵飞燕姊妹故事，伶玄对她说：“斯人（指赵氏姊妹）俱灰灭矣，当时疲精力驰骛嗜欲蛊惑之事，宁知终归荒田野草乎！”

“闲愁最苦”三句是结句。闲愁，作者指自己精神上的郁闷。危栏，是高处的栏杆。意思是：不要用凭高望远的方法来排除郁闷，因为那快要落山的斜阳，正照着那被暮霭笼罩着的杨柳，远远望去，是一片迷蒙。这里的暮景，反而会使人见景伤情，以至于销魂断肠。

这首词上片主要写春意阑珊，下片主要写美人迟暮。有些选本以为这首词是作者借春意阑珊来衬托自己的哀怨。这恐怕理解得还不完全对。这首词中当然写到了作者个人遭遇的感慨，但更重要的，是他以含蓄的笔墨，写出他对南宋朝廷暗淡前途的担忧。作者把个人感慨纳入国事之中。春意阑珊，实兼指国家大事，并非像一般词人作品中常常流露出来的绮怨和闲愁。

上片第二句“匆匆春又归去”的“春”字，可以说是这首词中的“词眼”。接下来作者以春去作为这首词的主题和总线，有条不紊地安排上、下片的内容，把他那满怀感慨曲折地表达出来。他写“风雨”，写“落红”，写“草迷归路”……我们不妨运用联想，这“风雨”，难道不是象征金军的进犯吗？这“落红”，难道不是象征南宋朝廷外交、军事各方面的失败，以致失地辱国、造成欲偏安江左而不可得的局面吗？“草迷归路”，难道不是象征奸佞当权，蔽塞贤路，致使一些有雄才大略的爱国志士，不能发挥其所长，起抗战救国的作用吗？然后作者以蜘蛛自比。蜘蛛是微小的动物，它为了要挽留春光，施展出它的全部力量。在“画檐蛛网”句上，加“算只有殷勤”一句，意义更加突出。这正如晋朝的著名画家顾恺之为裴楷画像，像画好后，画家又在颊上添几根胡子，观者顿觉画像神情生动起来。[《晋书·顾恺之传》：“（恺之）尝图裴楷象，颊上加三毛，观者觉神明殊胜。”]“算只有殷勤”一句，也能起“颊上加三毛”的作用。尤其是“殷勤”二字，突出地表达了作者对国家的耿耿忠心。这两句还说明，辛弃疾虽有殷勤的报国之心，无奈官小权小，不能起重大的作用。

上片以写景为主，以写眼前的景物为主。下片的“长门事”“玉环”“飞燕”，则都是写古代的历史事实。两者看起来好像不相连续，其实不然。作者用古代宫中几个女子的事迹，进一步抒发其“蛾眉见妒”的感慨，这和当时现实不是没有联系的。而从“蛾眉见妒”这件事上，又说明这不只是辛弃疾个人仕途得失的问题，更重要的是关系到宋廷兴衰的前途。它和这首词的春去的主题不是脱节，而是相辅相成的。作者在过片处推开来写，在艺术技巧上说，正起峰断云连的作用。

下片的结句更加值得我们注意：它甩开咏史，又回到写景上来。“休去倚危栏，斜阳正在、烟柳断肠处”二句，最耐人寻味。

以景语作结，是词家惯用的技巧。因为以景语作结，会有含蓄不尽的韵味。

除此之外，这两句结语还有以下各种作用：

第一，它刻画出暮春景色的特点。暮春三月，宋代女词人李清照曾用“绿肥红瘦”四字刻画它的特色，成为千古传诵的名句。“红瘦”，是说花谢；“绿肥”，是说树荫浓密。辛弃疾在这首词里，他不说斜阳正照在花枝上，却说正照在烟柳上，这是用另一种笔法来写“绿肥红瘦”的暮春景色；而且“烟柳断肠”，还和上片的“落红无数”、春意阑珊这个内容相呼应。如果说，上片的“更能消、几番风雨，匆匆春又归去”是开，是纵；那么下片结句的“斜阳正在、烟柳断肠处”是合，是收，一开一合、一纵一收之间，显得结构严密，章法井然。

第二，“斜阳正在、烟柳断肠处”，是暮色苍茫的景象。这是作者在词的结尾处着意运用的重笔，旨在点出南宋朝廷日薄西山、前途暗淡的趋势。它和这首词春去的主题也是紧密相连的。宋人罗大经在《鹤林玉露》中说："辛幼安（即辛弃疾）晚春词云：'更能消几番风雨？……'词意殊怨。'斜阳烟柳'之句，其与'未须愁日暮，天际乍轻阴'者异矣。……闻寿皇（宋孝宗）见此词颇不悦。"可见这首词流露出来的对国事、对朝廷的观点，都是很强烈的。

词是抒情的文学，它的特点是婉约含蓄。前人说过："词贵阴柔之美。"晚唐五代的花间词，就是如此。花间词是词中的婉约派。这一派词的内容大都是写儿女恋情和闲愁绮怨，而且是供酒边尊前娱宾遣兴之用。到了宋代，词坛上除了婉约派外，又出现了豪放派。豪放派的代表作家如苏轼、辛弃疾，都是把词作为抒写自己的性情、抱负、胸襟、学问的工具的。内容变了，风格跟着也变了。比如辛弃疾另一首《破阵子·为陈同甫赋壮词以寄之》：

醉里挑灯看剑，梦回吹角连营。八百里分麾下炙，五十弦翻塞外声，沙场秋点兵。

马作的卢飞快，弓如霹雳弦惊。了却君王天下事，赢得生前身后名。可怜白发生！

它是抒写作者对抗战的理想与愿望的。它的内容和形式，都和婉约派词迥然有别。我们在《花间集》中，是找不到这样的作品的。

拿《破阵子》和这首《摸鱼儿》比较，内容有其相似之处；而形式上，也就是表现手法上，又有区别。《破阵子》比较显，《摸鱼儿》比较隐；《破阵子》比较直，《摸鱼儿》比较曲。《摸鱼儿》的表现手法，比较接近婉约派。它完全运用比、兴的手法来表达词的内容，而不直接说明词的内容。这说明，辛弃疾虽然是豪放派的代表作家，但是一个大作家，他的词风是多种多样的。尽管《摸鱼儿》词采用婉约的表达形式，并未完全掩盖它的内容。我们读这首《摸鱼儿》时，感觉到在那一层婉约含蓄的外衣之内，有一颗火热的心在跳动，这就是辛弃疾学蜘蛛那样，为国家殷勤织网的一颗耿耿忠心。

总体来说，这首《摸鱼儿》的内容是热烈的，而外表是婉约的。使热烈的内容与婉约的外表和谐地统一在一首词里，这说明了辛弃疾这位大作家的才能。最后，我们可以用"肝肠似火，色貌如花"八个字，来作为这首《摸鱼儿》词的评语。

（与无闻合写）

辛弃疾的《菩萨蛮·书江西造口壁》

郁孤台下清江水，中间多少行人泪。西北望长安，可怜无数山。

青山遮不住，毕竟东流去。江晚正愁余，山深闻鹧鸪。

造口、郁孤台、清江，都在江西赣江流域。辛弃疾淳熙二至三年任江西提刑（掌管刑法狱讼的官），官署在赣州，这首词当作于这一二年间。

词从赣江想到四十年前金人追隆祐太后（宋高宗的伯母）一路抢掠杀戮的情状，想象江水里还流着那时逃难人民生离死别的眼泪。据《三朝北盟会编》载：隆祐太后离吉州至生米市，有人看见金人已经到了市中，便乘夜开船。第二天天亮时到太和县，又进到万安县，兵士不满百人，将军滕康、刘珏、杨惟忠皆逃窜山谷中；金人追到太和县，太后乃自万安县至皂口，舍舟登陆，到了虔州（即赣州）。词中又从郁孤台想到宋朝的故都开封，想到北方无数山河那时都被敌人占领，成为沦陷区了。郁孤台又名望阙，唐代刺史李勉登郁孤台望都城长安，以为郁孤台非美名，改为望阙。古时候几个朝代都在长安建都，所以常用长安代表首都。“西北望长安”实际上是望开封。

下片说江水毕竟要东流去，重叠的山是不能遮断它的去路的。这也许是作者比喻自己百折不回的报国壮志和决心。但是江上暮色苍茫的时候，又听见鹧鸪的啼声，好像说：“行不得也哥哥！”使他想到恢复之业，还是困难重重，引起他无限的忧愁。

这首词情景交融，写出作者一片忧国的心情，不仅仅是一首描写山水的作品。它的下片结句语言沉郁，这由于作者的政治遭遇，也由于当地山险水急，是不舒坦的环境（前人用“郁孤”两字为台名可见），所以作品的感情也带着这种沉郁的色彩。但他用“青山遮不住”二句放在中间起振动的作用，全词便不致消沉无力了。

宋人罗大经的《鹤林玉露》有一段文字论到这首词说：“南渡之初，虏人追隆祐太后御舟至造口，不及而还，幼安自此起兴。‘闻鹧鸪’之句，谓恢复之事行不得也。”罗大经的末了两句话有语病。辛弃疾一生抱恢复大志，到死不衰，六十多岁还倡议伐金，作这词的时候才三十六七岁，哪会说：“恢复之事行不得也！”应该是说恢复之事由于当权者不敢抗战，所以困难还多。

苏轼有《虔州八境图》诗一首说：“涛头寂寞打城还，章贡台前暮霭寒。倦客登临无限思，孤云落日是长安。”郁孤台就是“虔州八景”之一。辛弃疾这词字面上有许多地方近似苏轼这首诗，可能是受苏诗的影响。杜甫诗中“愁看直北是长安”，这首词“西北望长安”句就是用这个意思。这些虽然只是关于语言形式方面的问题，但也可见作者是怎样融化前人作品成为自己的东西，这种借鉴的手法，也是这首词成功的因素之一。

《菩萨蛮》调全以五、七言句组成，近于唐代的近体诗。它的句子匀整，唐五代、北宋人填此调的，多写儿女柔情，声情谐婉。温庭筠填此调十四首，最著名的一首是“小山重叠金明灭”。辛弃疾这首《菩萨蛮》却不同，它不写儿女柔情，而是抒发对国家民族兴亡及个人抱负难以实现的感慨。梁启超评这首词说：“《菩萨蛮》如此大声镗鞳，未曾有也。”（见《艺蘅馆词选》）镗鞳是撞击钟鼓的大声。梁氏这两句话的意思是：用《菩萨蛮》小令写大感慨的词，在辛弃疾以前，未曾有过。

辛弃疾的《丑奴儿·书博山道中壁》

少年不识愁滋味，爱上层楼。爱上层楼，为赋新词强说愁。

而今识尽愁滋味，欲说还休。欲说还休，却道“天凉好个秋”。

谈辛稼轩这首词之前，得先谈谈这首词的调名。《丑奴儿》这个词在这里并不是丑人的意思，它犹之《西厢记》里的“可憎才”和“冤家”，是故意反说来表示一种强烈的喜爱的感情。这个词调原名叫《采桑子》，也就是《采桑曲》，“子”就是曲。现在所知最早填这个调的是冯延巳和李煜。古乐府《日出东南隅》中咏美女罗敷采桑，所以这个词调又叫《罗敷媚》。“媚”是美好的意思，反过来叫“丑”。《丑奴儿》这个调实是咏美人的曲子。

这个调在古代当是描写美人形态和感情的，如南唐冯延巳就有好几首。后来由写女子的感情转变为写作者自己的感情，像辛弃疾这首就是。

由于这个词调的字句音节是四句七言、四句四言，隔行分列，声调均匀，适宜于表达谐婉的感情，所以辛弃疾这首词也同样是婉约的。

这首词上片四句是说少年时没有尝到愁的滋味，不知道什么叫作“愁”，为了要作新词，没有愁勉强说愁。这四句是对下片起衬托作用的。下片首句说“而今识尽愁滋味”，按一般写法，接下来应该描写现在是怎样的忧愁。但是它下面却重复了两句“欲说还休”，最后只用“却道‘天凉好个秋’”一句淡话来结束全篇。这是吞咽式的表情，表示有许多忧愁不能明说。我们联系作者的身世遭遇来看，是能体会他这一句话的深长的含意的。

这词全首写“愁”，上、下片用了三个“愁”字。上片的“为赋新词强说愁”的“愁”，是指闲愁。下片的“而今识尽愁滋味”的“愁”，指关怀国事、怀才不遇所引起的哀愁。我们知道，辛弃疾是一位爱国志士，是一位始终主张抗战的民族英雄，但是一生受统治集团投降派的打击、排挤。词中所说“欲说还休”实际是统治者不许他发表救国的言论。由于他是个北方“归正军民”，处处受到猜忌，所以连话也不敢明讲。辛弃疾曾在《论盗贼札子》中提到自己的处境，说“顾恐言未脱口而祸不旋踵”。这正是“欲说还休”句的注脚。可见“欲说还休”，反映了辛弃疾归宋后的生活处境的真实。从艺术表现技巧方面说，作者在这首词末了用“却道‘天凉好个秋’”这样一句闲淡的话来结束全篇。用这样一句闲淡的话来写自己胸中的悲愤，也是一种高妙的抒情法。深沉的感情用平淡的语言来表达，有时更耐人寻味。这好比绘画，浓墨重彩的画固然收到艺术效果，而淡淡的水墨画的艺术效果，有时更加感人。我们了解了辛弃疾这种处境和遭遇，我们更能体会到这种看去很闲淡的话，内含的感情却是多么的浓烈，这是从不得志英雄血泪中迸发出来的。所以，他这首词外表虽则婉约，而骨子里却是包含着忧郁、沉闷不满的情绪。

辛弃疾的《丑奴儿近·博山道中效李易安体》

千峰云起，骤雨一霎儿价。更远树斜阳，风景怎生图画？青旗卖酒，山那畔别有人家。只消山水光中，无事过这一夏。

午醉醒时，松窗竹户，万千潇洒。野鸟飞来，又是一般闲暇。却怪白鸥，觑着人欲下未下。旧盟都在，新来莫是，别有说话。

辛弃疾退隐江西上饶时，经常来往于博山道中（博山在江西广丰西南三十多里）。这首词写博山道中所见，它好像是一幅山水画，题目是“效李易安体”，所以这首词写得明白如话。虽然在文字上容易读懂，可是我们要仔细体会，因为它里面隐约地寄托了他的身世之感。词的上片写山水景物；下片则全是想象之辞，虽然是虚写，却是这首词最主要的部分。

上片首写起云，次写骤雨，再次写放晴，是写夏天山村的天气变化。“一霎儿价”就是一会儿工夫。“价”是语助词。“风景怎生图画”句，可以理解为赞叹之辞：“这风景是怎样美丽的图画呵！”也可以体会为反诘语气：“这风景怎么能画得出来呵！”上面六句把山乡风光描绘为一幅清旷的图画。最后两句："只消山水光中，无事过这一夏。"是作者写自己的思想愿望，即由此引起下片想象之辞。

下片是作者设想在这里过生活的情景。写"午醉醒时"，看见"松窗竹户"十分潇洒（"万千"是"十分"的意思），又看见飞来的野鸟，更增加了意境的闲暇；末了"却怪白鸥"几句来一个转折，使文情起了变化，说明他所想象的平静悠闲的生活，在现实里是不可能实现的。"旧盟都在"几句是作者对白鸥说的话："我还记得同你们有过盟约，而你们现在却同我隔膜了。""别有说话"，是说存在着违背旧盟的念头。古诗有盟鸥之辞，李白诗："明朝拂衣去，永与海鸥群。"可能是最早的两句。辛弃疾于退隐带湖新居之初，也有"盟鸥"的《水调歌头》，内有"凡我同盟鸥鹭，今日既盟之后，来往莫相猜"之句。相传白鸥是最无机心的禽鸟，而辛弃疾这首词的结尾却说，连曾经跟我有过盟约的、最无机心的白鸥，如今也不相信我了。用反衬的手法，极写自己在官场上受猜忌的遭遇。

辛弃疾一生政治上的处境是很不得意的，他在《论盗贼札子》中说："臣生平刚拙自信，年来不为众人所容，顾恐言未脱口而祸不旋踵……"他处处受到统治集团的排斥、打击，经常有人弹劾他，所以他唯恐话还没出口，灾祸就接二连三地来了。在服官江西以后，他又曾受谏官的打击。

辛弃疾的另一首《江神子·博山道中书王氏壁》也有“白发苍颜吾老矣，只此地，是生涯”之句，正是他被迫退休江西的时期。从四十三岁起，他在江西上饶一共住了十年。这种政治遭遇使他很希望摆脱官场生活。这首词的前半，就是反映了他的这种愿望。然而他同时也清楚地知道，这种愿望只是一种不可能实现的空想。即使生活在那样宁静的山乡里，也还是不能逃脱别人的猜忌。

这首词采用铺叙的手法，把景物一一展现在读者的面前。词的上片以及下片的前半部分，极力渲染风景的优美，环境的闲适。作者这样写的目的是衬托最后五句所表达的失意的心情，通过白鸥的背盟，写出自己身世之感和生活道路的坎坷不平，不用一句直笔而收到很高的艺术效果。以淡景写浓愁，这也是辛弃疾词的一种常用的艺术手法。

辛弃疾的《青玉案·元夕》

东风夜放花千树，更吹落、星如雨。宝马雕车香满路。凤箫声动，玉壶光转，一夜鱼龙舞。

蛾儿雪柳黄金缕，笑语盈盈暗香去。众里寻他千百度。蓦然回首，那人却在、灯火阑珊处。

在辛弃疾的《稼轩长短句》里，有许多慷慨激昂的作品，像《破阵子·为陈同甫赋壮词以寄之》以及前面谈过的《水龙吟·登建康赏心亭》等都是。但是他的作品风格是多种多样的，他的豪放激昂的作品固然振奋人心，而婉约含蓄的也同样出色动人，如《摸鱼儿》和《青玉案·元夕》就是。

《青玉案·元夕》写正月十五夜元宵节闹花灯的热闹场面。“花千树”，是写灯火之盛，像那千树开花一样。“星如雨”，形容满天的焰火。作者既描写了灯火的繁多，也描写了观灯者裙屐之盛。在观灯的人群中，有些人乘“宝马雕车”，服饰华贵；有些女人头上戴着“蛾儿”“雪柳”等装饰品，一边观灯，一边盈盈笑语。但是这些都不是作者所要寻找的人。“众里寻他千百度”是说在人群中找了“那人”千百次，仍然找不到。联系上片“玉壶光转，一夜鱼龙舞”二句，知道已整整找了一个晚上（“玉壶”指月光）。作者在前面用了许多笔墨渲染环境气氛，而最后只用几笔勾画出他所要找的那个人的形象和性格。尽管灯市这样闹，看灯的人这样多，但是在这热闹人群中没有“那人”；在最后偶然回头的时候，却发现“那人”站在灯火冷落的地方。到此我们才知道，前面所写的种种热闹的气氛，都是反衬之笔，都是为这个主要人物的形象性格而服务的。

这首词全首写灯火，但一直不肯轻易放出“灯火”二字，只用“花千树”“星如雨”“鱼龙舞”等譬喻字面来暗点，直到最后一句才点出它，却又是在写那个主要人物时附带点出的。这种不平凡的手法，也能加强读者的印象。

又，这首词主要是写一个孤高、淡泊、自甘寂寞的女性形象。这个女性形象，在花间派以来的文人词里，是很少见的，所以作者郑重地用了两层比衬手法来描写她。词的开头写灯火场景，对那些“笑语盈盈”的观灯妇女来说是正衬，而对孤高的“那人”来说则是反衬。越写灯火热闹，越见“那人”孤高的性格；那“宝马雕车”中的人儿和戴着“蛾儿”“雪柳”的妇女，对“那人”也是反衬。全词十三句，用作反衬的有九句，而写主要人物形象的，却只四句。这不是喧宾夺主，通过对“宾”的着重描写，正起了加强突出主要人物形象的作用。

杜甫诗“绝代有佳人，幽居在空谷”，是把“佳人”放在冷落的“空谷”的背景上来塑造；辛弃疾这首《青玉案·元夕》，则把“那人”放在火树银花的元宵佳节极其热闹的背景上来塑造。背景有冷热的不同，而美人的高标则是一致。这也是这首词可注意的艺术手法。

说这首词主要是写一个孤高、淡泊、自甘寂寞的女性形象，那还是表面的看法。作者在政治上失意的时候，有许多作品，大抵都寄托了他自己的身世之感。这首词里的"那人"形象，何尝不是作者自己人格的写照？这词编在四卷本《稼轩词》的甲集里，甲集编于淳熙十五年，可知这词必作于淳熙十五年之前。淳熙十五年，作者四十九岁，他被迫退休于江西上饶，已经六七年了；这词里所谓"灯火阑珊处"，可能也就是作者那时在政治上被排斥的境地的写照。梁启超说这词"自怜幽独，伤心人别有怀抱"，这是很可信的评语。彭孙遹《金粟词话》以"秦周之佳境"评"蓦然回首"三句，那还只是艺术手法的欣赏，并不曾接触到它的思想感情。

辛弃疾的农村词

西江月　夜行黄沙道中

明月别枝惊鹊，清风半夜鸣蝉。稻花香里说丰年，听取蛙声一片。

七八个星天外，两三点雨山前。旧时茅店社林边，路转溪桥忽见。

辛弃疾写了好几首农村词，这首《西江月》是比较突出的一首。它是通过对自然界风光的描写，来表现农村的生活和心情的。黄沙岭在江西上饶之西。辛弃疾退隐上饶带湖时，经常行经风景优美的黄沙道中。词里只选用夏夜一晴一雨两个镜头：上片写晴，下片写雨。上片通过三种动物：鹊、蝉、蛙来写晴，是有详略、深浅、主次之分的。首先以惊鹊写明月，因为明月出来了，枝上的鹊儿见光惊飞，离开枝头。“别枝”在这里作“离开枝头”解，与苏轼诗“月明惊鹊未安枝”同意，不是“蝉曳残声过别枝”作“另外一枝”解的“别枝”。次写鸣蝉，半夜还有蝉鸣，可见天气很热，为下片写雨作伏笔。头两种动物都还只是略写、浅写。最后写蛙，“稻花香里说丰年”两句，表现了丰年人们的喜悦心情。看见稻花，闻到稻香，可知年成，但是在稻花香里说好年成的却不是人而是一片蛙声。因为在人们内心异常高兴时，往往会觉得周围的一切事物也都沾染上人们的喜悦心情，涂上愉快的色彩。蛙与丰年原无必然的联系，现在由于人们沉浸在欢乐之中，所以听到蛙声，感到它似乎也为丰年而欢唱。无知之物尚且如此，曾经付出辛勤劳动的人们，在丰收在望时的兴奋心情，更是可想而知了。作者运用侧面烘托的手法，比正面写丰收，要生动、深刻得多了。

下片写雨。雨前天空已经起了云，天上只看见七八个星星，那是从云层里透露出来的。说它只有少数的七八个，是写云层之密，预示了未雨时已有雨意。卢延让诗："两三条电欲为雨，七八个星犹在天。"也是用"七八个星"来写雨前的天象。第二句写雨来。山前忽然飘下"两三点雨"，这是夏天骤雨来临的前奏，不是写春雨。末两句写行人的先焦急后喜悦的心理：他曾记得在那土地庙树林旁边，有一爿茅店，可以避避雨。他急急忙忙地过了溪桥，拐了一个弯，那爿茅店果然在"社林边"出现了。写出行人的喜悦心情，也就是表现作者自己的喜悦心情。

这首词挑选几件小事物，来描写农村风光，既写了景，也写了人。不但真切地描绘出一幅农村夏夜的画面，而且表现了农村的丰收景象和人们的喜悦心情。作者的表现手法生动、灵活，能给人以相当丰富的美的享受。在宋代描写农村的词篇中，它不愧是一首名作。

清平乐 村居

茅檐低小，溪上青青草。醉里吴音相媚好，白发谁家翁媪。

大儿锄豆溪东，中儿正织鸡笼。最喜小儿无赖，溪头卧剥莲蓬。

这首词也是描写农村生活。作者那时退隐在江西乡间，这词所反映的当是江西上饶一带农村的风光。上片表现乡村生活的和平与安宁，写老人过着美好晚年生活。下片写村中劳动情况。

首两句：在青草溪边看见一座低小的茅屋。第三句写人：尚未见人，先闻其声。“醉里吴音相媚好”，“醉里”不是说作者自己喝醉了酒，而是听到有人带着醉意用吴音交谈。醉里闲谈，正是写农民们过着安宁的生活。这里的“吴音”泛指南方话，江西古时叫“吴头楚尾”，在吴、楚之间，所以江西话也可以叫吴音。他听见这样柔和婀婉、娓娓动听的语音，初以为一定是一对青年男女在谈情，但是一看却感到惊奇：原来是一对白发苍苍的老年夫妇！用“相媚好”一词来形容这一对老年夫妇的软媚的“吴音”，更能表现出他们美好生活和心情。这不仅是写人物的心境，主要是写整个农村的平静光景。社会情况通过少数人的语音来描写，是很高妙的手法。在句子安排上，用倒装章法，先闻其声，后见其人，出乎意外，才令人惊异；如果顺着次序先写人，后闻声，便不生动了。

上片写老年人，下片则写年轻人。通过这个人家三个儿子的举动，描写出整个农村的劳动生活。大儿、中儿都在劳动，只有最小的一个，什么都不干，在溪头卧剥莲蓬。这是说，除了最小的以外，其他一切的人都在劳动，用侧面写法，突出乡村无闲人的光景。“无赖”在这里当“淘气”解，并不是责骂的话。“溪头卧剥莲蓬”，把小孩子的年龄特征、贪食好玩的神态都刻画出来。说“最喜小儿无赖”，是用反衬手法来加重语气，譬如我们说：“除了盲人以外，谁都看见！”“除了聋人以外，谁都听见！”这比直说“无人不看见”“无人不听见”有力得多。这也是写小孩子不正经参加劳动。如果理解为下片四句是写全村人包括小孩子在内都参加劳动，那就未免贬低这几句的艺术手法了。

辛稼轩的农村词，大多数作于江西上饶和铅山，当时这一带地区表面上比较安定。辛弃疾在农村词中反映出农村外表上比较安定的一面，没有进一步揭露农村里的阶级矛盾，这是他的作品的缺点。但同时我们也应该看到：他之所以把农村描写得这样美好，正是表现他对当时官场恶劣空气的不满。辛弃疾自号“稼轩”，又把自己的几个儿子都取了“禾”旁的名字。他还有好几首怀念陶渊明的词，在一首《水龙吟》中说：“白发西风，折腰五斗，不应堪此。”他把不肯为五斗米折腰而归田亩的陶渊明引为异代知己，这都说明辛弃疾在被迫罢官以后表示出来的对官场的厌恶。与官场情形相对比，他增长了对农村生活的喜爱。他把这种喜爱农村的思想，通过高度的艺术手法表达在这首《清平乐》中。他这些反映农村的作品，在宋代词坛上是一丛珍贵的花朵。

辛弃疾的《破阵子·为陈同甫赋壮词以寄之》

醉里挑灯看剑，梦回吹角连营。八百里分麾下炙，五十弦翻塞外声，沙场秋点兵。

马作的卢飞快，弓如霹雳弦惊。了却君王天下事，赢得生前身后名。可怜白发生！

这是辛弃疾寄给陈亮（字同甫）的一首词。陈亮是一位爱国志士，一生坚持抗金的主张，他是辛弃疾政治上、学术上的好友。他一生不得志，五十多岁才状元及第，第二年就死了。他俩同是被南宋统治集团所排斥、打击的人物。宋淳熙十五年，陈亮与辛弃疾曾经在江西鹅湖商量恢复大计，但是后来他们的计划全都落空了。这首词可能是这次约会前后的作品。

这词全首都写军中生活，也可以说是写想象中的抗金军队中的生活。上片描写在一个秋天的早晨沙场上点兵时的壮盛场面。开头两句写军营里的夜与晓，“醉里挑灯看剑”一句有三层意思：“看剑”表示雄心，“挑灯”点出时间，醉里还挑灯看剑是写念念不忘报国。次句“梦回吹角连营”，写拂晓醒来时听见各个军营接连响起雄壮的号角声。上句是看，此句是闻。接下三句写兵士们的宴饮、娱乐生活和阅兵场面，词的境界逐渐伸展、扩大。“八百里分麾下炙”，八百里炙是指烤牛肉。《晋书》载：王恺有牛名八百里驳，常莹其蹄角，王济与王恺赌射得胜，命左右探牛心作炙。“麾”是军旗。全句的意思是：兵士们在军旗下面分吃烤熟的牛肉。“五十弦翻塞外声”，指各种乐器合奏出雄壮悲凉的军歌。古代的瑟有五十弦。李商隐诗：“锦瑟无端五十弦。”这词里的“五十弦”，当泛指合奏的各种乐器。“翻”，指演奏。“塞外声”，指雄壮悲凉的军歌。

下片写投入战斗的惊险场面。“马作的卢飞快”，“的卢”，骏马名。相传三国刘备在荆州遇厄，的卢马载着他一跃三丈，越过檀溪（见《三国志·蜀书·先主传》引《世说》)。“作”，作“如”解。“弓如霹雳弦惊”，比喻射箭时弓弦的响声如雷震。“了却君王天下事”两句，描写战斗获胜，大功告成时将军意气昂扬的神情。“天下事”指收复中原。收复中原不仅是君王的事，也是人民共同关心的大事。末句一结，却转到在南宋统治集团的压抑下，恢复祖国河山的壮志无从实现的悲愤。这一转折，使上面所写的愿望全部成为幻想，全部落空。

这首词题是“壮词”，前面九句的确可称得上是壮词，但是最后一句使全首词的感情起了变化，使全首词成为悲壮的而不是雄壮的。前面九句是兴高采烈、雄姿英发的，最后一句写出了现实与理想的大矛盾，理想在现实生活中的幻灭。这是辛弃疾一生政治身世的悲愤，也同样是陈亮的悲愤。

辛弃疾被称为宋词豪放派的宗师。在这首词中表现的艺术风格有两方面：一是内容感情的雄壮，它的声调、色彩与婉约派的作品完全不同；二是他这首词结构布局的奇变。一般词分片的作法，大抵是上下片分别写景和抒情，这个词调依谱式应在“沙场秋点兵”句分片。而这首词却把两片内容紧密连在一起，过变不变（过变是第二片的开头）。依它的文意看，这首词的前九句为一意，末了“可怜白发生”一句另为一意。全首词到末了才来一个大转折，并且一转折即结束，文笔很是矫健有力。前九句写军容、写雄心都是想象之辞。末句却是现实情况，以末了一句否定了前面的九句，以末了五个字否定前面的几十个字。前九句写得酣恣淋漓，正为加重末五字的失望之情。这样的结构不但宋词中少有，在古代诗文中也很少见。这种艺术手法也正表现了辛词的豪放风格和他的独创精神。但是辛弃疾运用这样的艺术手法，不是故意卖弄技巧、追求新奇，这种表达手法正密切结合他的生活感情、政治遭遇。由于他的恢复大志难以实现，心头百感喷薄而出，便自然打破了形式上的常规，这绝不是一般只讲究文学形式的作家所能做到的。

辛弃疾的《西江月·遣兴》

醉里且贪欢笑，要愁那得工夫。近来始觉古人书，信著全无是处。

昨夜松边醉倒，问松："我醉何如？"只疑松动要来扶，以手推松曰："去！"

这首词题目是"遣兴"。从词的字面看，好像是抒写悠闲的心情，但骨子里却透露出他那不满现实的思想感情和倔强的生活态度。

这首词上片前两句写饮酒，后两句写读书。酒可消愁，他生动地说是"要愁那得工夫"。书可识理，他说对于古人书"信著全无是处"。这是什么意思呢？"尽信书，不如无书。"这句话出自《孟子》。《孟子》中这句话的意思，是说《尚书·武成》一篇的纪事不可尽信。辛词中"近来始觉古人书，信著全无是处"两句，含意极其曲折。他不是菲薄古书，而是对当时现实不满的愤激之词。我们知道，辛弃疾二十三岁自山东沦陷区起义南来，一贯坚持恢复中原的正确主张。南宋统治集团不能任用辛弃疾，迫使他长期在上饶乡间过着退隐的生活。壮志难酬，这是他生平最痛心的一件事。这首词就是在这样的环境、这样的心境中写成的，它寄托了作者对国家大事和个人遭遇的感慨。“近来始觉古人书，信著全无是处”，就是曲折地说明了作者的感慨。古人书中有一些至理名言，比如《尚书》说：“任贤勿贰。”对比南宋统治集团的所作所为，那距离是有多远呵！由于辛弃疾洞察当时社会现实的不合理，所以发为“近来始觉古人书，信著全无是处”的浩叹。这两句话的真正意思是：不要相信古书中的一些话，现在是不可能实行的。

这首词下片更具体写醉酒的神态。“松边醉倒”，这不是微醺，而是大醉。他醉眼迷蒙，把松树看成了人，问他：“我醉得怎样？”他恍惚还觉得松树活动起来，要来扶他，他推手拒绝了。这四句不仅写出惟妙惟肖的醉态，也写出了作者倔强的性格。仅仅二十五个字，构成了剧本的片段，有对话，有动作，有神情，又有性格的刻画。小令词写出这样丰富的内容，是从来少见的。

“以手推松曰：‘去！’”这是散文的句法。《孟子》中有“‘燕可伐欤？’曰：‘可。’”的句子，《汉书·两龚传》有“以手推常曰：‘去！’”的句子。用散文句法入词，用经史典故入词，这都是辛弃疾豪放词风格的特色之一。从前持不同意见的人，认为以散文句法入词是“生硬”，认为用经史典故是“掉书袋”。他们认为词应该用婉约的笔调、习见的词汇、易懂的语言，而忌粗豪、忌用典故、忌用经史词汇，这是有其理由的。因为词在晚唐、北宋，是为配合歌曲而作的。当时唱歌的多是女性，所以歌词要婉约，配合歌女的声口；唱来使人容易听懂，所以忌用典故和经史词汇。但是到辛弃疾生活的南宋时代，词已有了明显的发展，它的内容丰富复杂了，它的风格提高了，词不再专为应歌而作了。尤其是像辛弃疾那样的大作家，他的创造精神更不是一切陈规惯例所能束缚。这由于他的政治抱负、身世遭遇不同于一般词人。若用陈规惯例和一般词人的风格来衡量这位大作家的作品，这是不从发展的观点看问题。

辛弃疾的《永遇乐·京口北固亭怀古》

千古江山，英雄无觅，孙仲谋处。舞榭歌台，风流总被、雨打风吹去。斜阳草树，寻常巷陌，人道寄奴曾住。想当年，金戈铁马，气吞万里如虎。

元嘉草草，封狼居胥，赢得仓皇北顾。四十三年，望中犹记，烽火扬州路。可堪回首，佛狸祠下，一片神鸦社鼓。凭谁问，廉颇老矣，尚能饭否？

这是稼轩词中突出的爱国篇章之一。它的思想内容包括两个方面：一、写作者抗敌救国的雄图大志，二、写作者对恢复大业的深谋远虑和为国效劳的忠心。

宋宁宗嘉泰三年，辛弃疾六十四岁时，被召起知绍兴府兼浙东安抚使。在这以前，辛弃疾被迫退居江西乡间已有十多年了。起用他的是执掌大权的韩侂胄。因为那时蒙古已经崛起在金政权的后方，金政权日益衰败，并且起了内乱。韩侂胄要立一场伐金的大功，以巩固自己的地位，于是起用了辛弃疾作为号召北伐的旗帜。第二年，任他做镇江知府——镇江在那时濒临抗战前线。辛弃疾初到镇江，努力做北伐的准备。他明确断言金政权必乱必亡。他又认为南宋要取得对金作战的胜利，必须做好充分的准备工作。他曾对宋宁宗和韩侂胄提出了这些意见，并建议应把对金用兵这件大事委托给元老重臣。这无疑是包括辛弃疾自己在内的。可是韩侂胄一伙人不但不能采纳，反而有所疑忌不满，他们借口一件小事故，给他一个降官的处分。开禧元年索性把他调离镇江，不许他参加北伐大计。辛弃疾二十三岁从山东起义南来，怀着一腔报国热情，在南方待了四十三年，开始遭到投降派的排挤，现在又遭到韩侂胄一伙人的打击，他那施展雄才大略来为恢复大业出力的愿望又落空了。这就是辛弃疾写这首词的时代背景。

这首词题为“京口北固亭怀古”，所以一开头就从镇江的历史人物——孙权和刘裕说起。孙权是三国时吴国的皇帝，他在南京建立吴国的首都，并且能够打垮来自北方的侵犯者曹操的军队，保卫了国家。辛弃疾登上京口北固亭怀古，第一个想到的就是三国时期的英雄人物孙仲谋（即孙权），只是现在已无处可寻了。“风流总被、雨打风吹去”，谓孙仲谋英雄事业的流风余韵，现已无存。“寄奴”，是南朝宋武帝刘裕的小字。刘裕在京口起兵讨伐桓玄，平定叛乱。“想当年”三句，颂扬刘裕率领兵强马壮的北伐军，驰骋中原，气吞胡虏。作者借这些京口当地的历史人物的英雄业绩，隐约地表达自己对抗敌救国的心情。

下片“元嘉草草，封狼居胥”几句也是用历史事实。“元嘉”是南朝宋文帝的年号。宋文帝刘义隆是刘裕的儿子，他不能继承父业，好大喜功，听信王玄谟的北伐之策，打无准备之仗，结果一败涂地。“封狼居胥”是用汉朝霍去病战胜匈奴，在狼居胥山（今属内蒙古自治区）举行祭天大礼的故事。宋文帝听了王玄谟的大话，对臣下说：“闻王玄谟陈说，使人有封狼居胥意。”辛弃疾用宋文帝“草草”（草率的意思）北伐终于惨败的历史事实，来作为对当时伐金须做好充分准备、不能草率从事的深切鉴戒。“仓皇北顾”，是看到北方追来的敌人张皇失措的意思，宋文帝战败时有

“北顾涕交流”的诗句。韩侂胄于开禧二年北伐战败，次年被诛，正中了辛弃疾的“赢得仓皇北顾”的预言。

“四十三年”三句，由今忆昔，有屈赋的“美人迟暮”的感慨。辛弃疾于绍兴三十二年率众南归，至开禧元年在京口任上写这首《永遇乐》词，正好是四十三年。“望中犹记”两句，是说在京口北固亭北望，记得四十三年前自己正在战火弥漫的扬州以北地区参加抗金斗争。（“路”是宋朝的行政区域名，扬州属淮南东路。）后来渡淮南归，原想凭借国力，恢复中原，不期南宋朝廷昏聩无能，使他英雄无用武之地。如今过了四十三年，自己已成了老人，而壮志依然难酬。辛弃疾追思往事，不胜身世之感！

“佛狸祠下”三句，从上文缅怀往事回到眼前现实，使辛弃疾感到惊心：长江北岸瓜步山上有个佛狸祠，是北魏太武帝拓跋焘留下的历史遗迹。拓跋焘小字佛狸，属鲜卑族。他击败王玄谟的军队后，率追兵直达长江北岸的瓜步山，在山上建立行宫，这就是后来的佛狸祠。当地老百姓年年在佛狸祠下迎神赛会，“神鸦”是吃祭品的乌鸦，“社鼓”是祭神的鼓声。辛弃疾写“佛狸祠下”三句，表示自己的隐忧：如今江北各地沦陷已久，不迅速谋求恢复的话，民俗安于异族的统治，忘记了自己是宋室的臣民。这正和陆游的《北望》诗所谓：“中原堕胡尘，北望但榛莽。耆年死已尽，童稚日夜长。羊裘左其衽，宁复记畴曩！”彼此意思相同。

辛弃疾这首词最后用廉颇事作结，是作者到老而爱国之心不衰的明证。廉颇虽老，还想为赵王所用。他在赵王使者面前一顿吃了一斗米的饭、十斤肉，又披甲上马，表示自己尚有余勇。辛弃疾在这词末了以廉颇自比，也正表示自己不服老，还希望能为国效力的耿耿忠心。

辛弃疾词的创作方法，有一点和他以前的词人有明显的不同，就是多用典故。如这首词就用了许多历史故事。有人因此说他的词缺点是好“掉书袋”。岳飞的孙子岳珂著《桯史》，就说“用事多”是这首词的毛病，这是不确当的批评。我们应该做具体的分析：辛弃疾原有许多词是不免过度贪用典故的；但这首词却并不如此，它所用的故事，除末了廉颇一事之外，都是有关镇江的史实、眼前风光，是“京口北固亭怀古”这个题目应有的内容，和一般辞章家用典故不同；况且他用这些故事，都和这词的思想感情紧密相连，就艺术手法论，环绕作品的思想内容而使用许多史事，以加强作品的说服力和感染力，在宋词里是不多见的，这正是这首词的长处。杨慎《词品》谓“辛词当以京口北固亭怀古《永遇乐》为第一”。这是一句有见地的评语。

附录二

《楚辞》与宋词

——为辛弃疾逝世七百五十周年纪念作

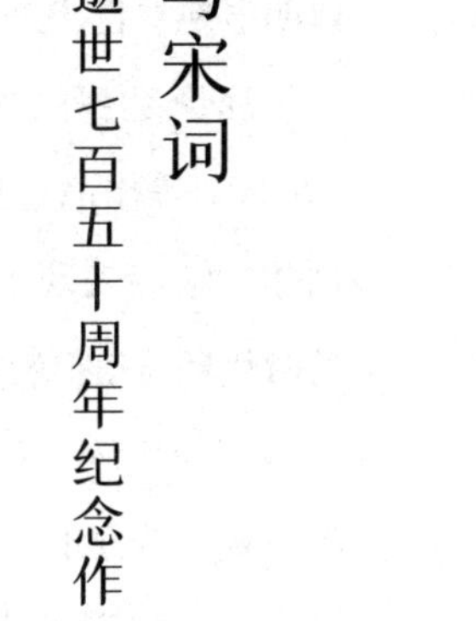

屈原作品对后来文学的影响，是中国文学史上的一个大题目，这个题目可以写成一本专书。汉赋当然是它的直系子孙，而乐府、唐诗、元明曲里也或多或少、或隐或显地可以接触到与它相像的面影和声音，宋词也是它声貌神情很相像的远代子孙。这在它的艺术形式、艺术内容上可以明显地看得出来。

屈原是我国文学史上最早的一位作家，他的《离骚》《九章》等作品之所以不同于《诗经》，就由于它们是个人创作。它们表现了一位作家的完整人生观，表现了在特定的时代环境里的特定内容与特定的目的。

词受传统文学的影响，是在它由民间而转到文人手中的时候，为了特定的内容与需要才开始的。所以在敦煌曲子里还不能明显地找到《楚辞》的影迹，因为敦煌词大部分还是民间作品。词家真能继承屈原的优良传统的，也并不是唐、五代的温庭筠、韦庄一班人，而应该属于宋代几位有民族节操、有政治事业心的作家。因为他们的现实生活、现实感情与屈原相近似，所以才能接受屈原的文学影响而成为他的继承者。因此，我这篇文章的命题以宋为限，而不上包唐、五代。

温庭筠不是能继承屈原传统的人，可是，讲词体受《楚辞》影响的开头，不能不提到他。他的两部集子，一部叫《金荃》，一部叫《握兰》，以“荃”“兰”命名，分明是用《离骚》的字面。后来的词选，唐代有《兰畹集》，宋代有《兰畹曲会》，也都仿效他以“兰”命名。《花间集》载他的一首《河渎神》，所用词汇，也是模仿《九歌》的。这些虽然不过是形式上的模仿，但可见词一到文士手中，就开始受《楚辞》的影响了。

《楚辞》出于周代的南方民歌，它结合南方的宗教音乐（巫音），用长短句的形式，表达宛转杳渺的情感，形成一种新诗体。词出于六朝时代的南方民歌（清商乐），它结合从西北传入的外来音乐，承受了齐梁，尤其是唐代五、七言近体诗的成就，产生比前代乐府诗歌更多种多样的长短句形式。这两种文学产生的情形很类似，所以就形式方面讲词体接受《楚辞》的影响，原是有其先天的因素的。

宋词作家用《楚辞》最多的，该数南宋的辛弃疾。在他的《稼轩长短句》里，有用《楚辞》的词汇的，像《水调歌头》的“余既滋兰九畹，又树蕙之百亩，秋菊更餐英”等；有用《楚辞》的体制的，像《木兰花慢·中秋饮酒将旦，客谓前人诗词有赋待月，无送月者，因用〈天问〉体赋》《山鬼谣·雨岩有石，状怪甚，取〈离骚〉〈九歌〉名曰“山鬼”，因赋〈摸鱼儿〉，改今名》，都仿《招魂》，等等。在词里，这都是他的创格。但是宋词之所以能继承《楚辞》传统的，不在于它的形式方面。形式的模仿是绝不能产生伟大作品的。辛弃疾这类作品，虽也表现了他的特有的面貌，可并不是他词里最高的成就。在全部宋词里，这类作品究竟也不多见。所以我们说，宋词和《楚辞》的关系，不能限于这些。

《楚辞》作风的特征之一是重暗示、富想象。屈原作品又有一种特殊的表现手法——也许就是他创始的——是以女性自比，以女性的口吻诉述自己的心情，像“众女嫉余之蛾眉兮，谣诼谓余以善淫”等是。这种手法不断地影响后来的诗歌，极严肃的作家像杜甫、陈师道，也有《佳人》《妾薄命》一类作品。这对宋词婉约杳渺风格的形成尤其有很大的关系。

屈原之所以用这种表现手法，也许和当时的戏剧（巫舞）有关，这在现在因为还没有充分的考证资料，不能作出结论。不过以艺术性质论，太质直、太严肃的正论庄语，有时候不适宜于作艺术表现的。以艺术的效果论，借用人类基本情愫的男女之爱，来申述作者个人某种情感，那就是把自己个人的情感变作一般人的情感，会使人更易于了解、感受。据《左传》《论语》这些书里的记载，收在《诗经》里的民间情歌，可以成为论政治、讲外交以及儒家说理的材料，也是这个道理。再就屈原的思想感情来说，女性之被压迫、被损害在老早的时代就开始了,《诗经》里已经深刻地反映过她们的无可奈何、委曲求全以及“之死矢靡它”种种痛苦的心情。从屈原当时的地位、遭遇和他的“宁溘死以流亡”“虽体解吾犹未变”的性格来说，若用形象化的艺术语言来表现，那么，假托女性的口吻，便是很切当、很自然的作法了。他不是逊言避祸，更不是像李商隐作“无题诗”，婉转地诉说自己不可告人的隐衷。他是被压迫、被损害的呼号，他有含蓄的托讽，也有露骨的控诉。这两种刚柔感情，往往错综交织在一起，迸发为艺术的火花，在《离骚》里如此，在《九章》等作品里也如此。但是后来媕阿取容的封建文士，不敢学他的露骨控诉，专模仿他柔婉的这一种，于是“婉约”“含蓄”便成为他们的诗歌的“正宗”，屈原的作品的斗争性，却渐渐被人忽视淡忘了。这和后人论词对辛弃疾作品的看法，也正相似。

词起于商业都市，本是妓女歌唱的东西。晚唐、北宋的文人词，大半是为妓女而作，用女性的声口，描画女性的心理，因此，这种文学本身也就变成为女性的了。偶然出了几位不肯作雌声媚态的作家，便被斥为“非本色”、为“别调”。而这批娼妓文学（词）的作者，大都是没落的封建文人，又不甘以娼妓文学家自居，于是以“荃”“兰”名集，来高攀“美人香草”的《离骚》。那些与他们同好尚的文人，也就以屈原比其人，以《离骚》比其作品。清代周之琦咏温庭筠诗：“方山憔悴彼何人。《兰畹》《金荃》托兴新。绝代风流《乾𦠆子》，前生合是楚灵均。”宋代王灼《碧鸡漫志》载宋人诗：“《离骚》寂寞千年后，《戚氏》凄凉一曲终。”（《乾𦠆子》是温庭筠所著书名，《戚氏》是柳永所作词。）于是，唐宋文人词的内容，闺情、闺怨，娼情、娼怨便占了大半。这些作品自然是与《楚辞》精神距离极远的。北宋士大夫作家，于闺情、娼怨之中，若有若无地寄托一些身世遭遇的感慨，带一些骚怨的意味，并不是完全没有，但他们的感慨总不外乎封建文士个人得失的牢骚。所以它的情调虽然近似《楚辞》，而内容思想还是不配继承屈原的。

到了北宋末年，民族矛盾尖锐化了，这是汉民族在历史上未曾有过的大灾难。在漫长艰苦的岁月里，许多有作为、有理想、有民族节操的词作家，他们又被扼于昏庸怯懦的统治集团，不得行其抱负、有所作为，反而横被诬蔑和摧折。他们的历史环境和政治遭遇，近似于屈原。于是这种来自民间、流行于妓女口头的词，经过数百年酝酿和提高，至此乃与他们的现实生活情感相结合、相摩荡而大放光焰，乃隔一千四五百年而遥接《楚辞》的传统。

屈原一生的政治奋斗，对外抗强暴，对内反贪污昏庸的统治，他失败的怨愤，不是从个人的得失出发的，所以能得到人民永久的同情，他的作品因此传诵千古。南宋一代有民族感情、政治节操的词家们，面对着这样一个苦难的时代：长江以北有千百万宛转呻吟于异族统治下的同胞要他们来拯救，数千年来先民精力所累积的全部汉族文化要他们来保护，这重大的历史任务，使他们的胸襟感慨扩大了，因此，他们能接受屈原伟大精神的感召。

南宋词家真能继承屈原精神的，第一要数到辛弃疾（自然不仅弃疾一人）。上文举过他学《楚辞》各词，像《哨遍·题鱼计亭》《水龙吟·题瓢泉》，等等，自写被诬罢官以后忧谗畏讥的心理，固然逼近《楚辞》了，但还未脱楚《骚》的形式。其真能对楚《骚》遗貌取神的，当举他的《摸鱼儿·淳熙己亥，自湖北漕移湖南，同官王正之置酒小山亭，为赋》一首：

更能消、几番风雨，匆匆春又归去。惜春长怕花开早，何况落红无数。春且住。见说道、天涯芳草无归路。

怨春不语，算只有殷勤，画檐蛛网，尽日惹飞絮。

长门事，准拟佳期又误。蛾眉曾有人妒。千金纵买相如赋，脉脉此情谁诉？君莫舞。君不见，玉环飞燕皆尘土。闲愁最苦。休去倚危栏，斜阳正在，烟柳断肠处。

我们读他上虞允文的《九议》第九节，说当时朝廷议恢复，“南北之士大相为斗”的情况，知道这词下半首所写的，也是隐指这个民族矛盾之下南宋统治集团的悲剧——南方偷安怯懦的统治者与北方沦陷区来的民族志士的冲突。“蛾眉曾有人妒”云云，也同《离骚》一样，从个人的遭遇说起，而它的背景是全社会的。宋人罗大经作《鹤林玉露》，说这首“词旨殊怨”、“斜阳烟柳”之句……“在汉唐时，宁不贾‘种豆’‘种桃’之祸哉，闻寿皇见此词，颇不悦……”这般微词婉讽的语句，尚且不免有犯逆鳞的危险，当时这内部冲突尖锐的情况可想而知了。岳飞作《小重山》“欲将心事付瑶琴。知音少，弦断有谁听”，前人说和他的《收复河南罢兵表》同用意。陈亮作的《水龙吟·春恨》“恨芳菲世界，游人未赏，都付与、莺和燕”，前人也说它有“宗留守大呼渡河之意”。这些词的内容都是寄慨无穷的，他们却不得不写得如此婉约深微。他们在专制统治下面无可奈何的心情，不就是屈原作《离骚》的心情吗！

由于宋王朝的统治者不准许其臣下有合于人民愿望的正义号呼，所以当时作家们接触到这内部冲突的作品，多半是含蓄婉约的。后世封建文人限于封建意识，以激昂慷慨的一类词为“别调”，为“非正体”。他们论屈原性格，亦只强调其隐忍优柔的一面，而看不到他的斗争性。他们既不能识楚《骚》之真，也就不能识辛弃疾一派词之真了。

南宋的江南半壁覆亡之后，接下来的是更残酷的异族统治，那是元曲家所谓“似箭穿着雁口，没个人敢咳嗽”的恐怖时代。亡国遗黎沉哀茹痛的心情，连“烟柳斜阳”一类词也不敢多做了。这时继承辛弃疾一派的有江西的刘辰翁、赵文、邓光荐诸家。刘辰翁是文天祥的同乡，他的《须溪词》里有许多送春词，都是吊故国之作［因为南宋都城临安破于德祐二年（1276）的三月］。最有名的是《兰陵王·丙子送春》一首：

送春去。春去人间无路。秋千外，芳草连天，谁遣风沙暗南浦。依依甚意绪。漫忆海门飞絮。乱鸦过，斗转城荒，不见来时试灯处。

春去。最谁苦？但箭雁沉边，梁燕无主。杜鹃声里长门暮。想玉树凋土，泪盘如露。咸阳送客屡回顾。

斜日未能度。

春去。尚来否？正江令恨别，庾信愁赋。苏堤尽日风和雨。叹神游故国，花记前度。人生流落，顾孺子，共夜语。

这首词苍凉凄楚，俯仰无端，可说是《楚辞》中《哀郢》《怀沙》的遗响，拿它比辛弃疾的《摸鱼儿》，心情声息，也正相同。

辰翁还有好几首端午节的词，也都是写亡国之痛，那是为江万里、贾纯孝诸人作的。江、贾皆于宋亡时投水死，所以辰翁以屈原相比。宋末殉国烈士，受屈原精神感召的很多，投水不是偶然的事。辰翁这些词也就更接近于《楚辞》的心情。此外如赵文的《八声甘州·和孔瞻怀信国公，因念亦周弟》《莺啼序·春晚》和邓光荐的《满江红·和王昭仪题壁》、彭元逊的《六丑·杨花》，等等，也都寄慨沧桑，哀怨无穷。他们这类血泪铸成的作品，都为宋词的结局增添无限光彩。

末了，谈一下宋人的咏物词和《楚辞》的关系。

《九章》里的《橘颂》，是先秦文学里一篇咏物名作，屈原借它写自己“受命不迁”“苏世独立”的坚贞志节。后来能继承他的传统的是杜诗。杜甫有许多咏物诗，也都是他自己人格的写照。《稼轩长短句》里共有咏物词六十多首，占辛弃疾的全部词的十分之一，在宋名家词里可说是咏物词最多的了。它有借花草山水来讽世的，如《鹧鸪天·咏梅》“若将玉骨冰姿比，李蔡为人在下中”（指桃李）、同调《败棋赋梅雨》“当时一识和羹味，便道为霖消息来”、《玉楼春·用韵答傅岩叟、叶仲洽、赵国兴》“人间踏地出租钱，借使移将无着处”等。有借它写时代感慨、写自己人格的，如《声声慢·嘲红木犀。余儿时尝入京师（汴京）禁中凝碧池，因书当时所见》“管弦凝碧池上，记当时、风月愁侬。翠华远，但江南草木，烟锁深宫”、《临江仙·探梅》“更无花态度，全是雪精神”、《鹧鸪天·徐衡仲惠琴不受》“玉音落落虽难合，横理庚庚定自奇”等。若《柳梢青·三山归途代白鸥见嘲》《永遇乐·戏赋辛字，送茂嘉十二弟赴调》，用谐语来写身世遭遇，更可见出他的抗脏傲兀的情绪。在宋词里，辛氏这些咏物之作，可比杜诗而无愧。他又有数首咏物词是和《楚辞》有关的，如《山鬼谣·雨岩有石，状怪甚，取〈离骚·九歌〉名曰“山鬼”，因赋〈摸鱼儿〉，改今名》，下片云：

须记取，昨夜龙湫风雨。门前石浪掀舞。四更山鬼吹灯啸，惊倒世间儿女。依约处，还问我：清游杖履公良苦。神交心许。待万里携君，鞭笞鸾凤，诵我远游赋。

《喜迁莺·谢赵晋臣敷文赋芙蓉词见寿，用韵为谢》下片云：

休说。搴木末。当日灵均，恨与君王别。心阻媒劳，交疏怨极，恩不甚兮轻绝。千古《离骚》文字，芳至今犹未歇。都休问，但千杯快饮，露荷翻叶。

这虽只是《楚辞》词汇的运用，但也自有其独特的心情和气概（另有《贺新郎·赋水仙》《千年调·开山径得石壁……》两首，也用《楚辞》）。它和南宋史达祖的《双双燕·咏燕》《绮罗香·咏春雨》、吴文英的《宴清都·连理海棠》等只是一些空洞无内容的作品不同。宋亡以后，浙江的会稽有十四位词人，为了元僧杨琏真加发掘宋六陵，作了三四十首以《龙涎香》《莼》《蟹》《蝉》《白莲》为题的咏物词，合为一集，名《乐府补题》。虽然它里面所表现的只是当时一班文人对封建王朝留恋的感情，作风深微隐晦，也和辛词大异。但他们写故国之思，沦亡之痛，却与《楚辞》有相通之处。前人赞《乐府补题》是“骚人《橘颂》

之遗音”，若就咏物这一体的传统说，这不算是过誉的。

总之，我们看《楚辞》怎样影响了宋词，和宋词怎样继承《楚辞》，知道只有具有现实主义、爱国主义的精神，而不是从个人利害出发的崇高感情的作家，才能接受屈原伟大的文学传统。宋词因为能继承《楚辞》而提高它在文学史上的地位，《楚辞》也因为有宋词作它的后继更见出它伟大的感召力，这是作家们人格的相互感应，不仅是形式的模仿和情调的揣摩。只有能接受古典作家人格精神的感召，才能接受作品艺术的影响，才能有新的辉煌的创造。不仅宋词如此，汉赋、乐府、唐诗、元曲等之能继承古代文学优良传统的也无不如此。

本文多承吴天五先生启示，谨此致谢。

附录三

读词随笔

唐宋词在我国文学史上，曾经有过几百年光辉的历程。那么多的作家、那么多的长短句，这一大批文学遗产，它和汉魏乐府、唐诗、元曲，有着同样不可磨灭的价值。

我们今天研究旧文学，研究唐宋以来各代的词，为的是批判继承、古为今用，并且为了发展当前的新文学，使它能够更好地为社会主义祖国“四个现代化”服务。

我们究竟能够在词里汲取一些什么样的养料，来灌溉今天的新文学园地呢？

歌谣、乐府、五七言诗对新文学的影响和借鉴是容易了解的。词的情调和意识，在宋代便已和人民大众脱节，而它又有高度发展的文字技巧，与它当初来自民间的本来面目迥不相同。所以，它和今天的新文学更不容易找到相通的关系。今天的新文学怎样从词身上找到有益的营养和借鉴，好像并不容易。我现在想到的只有下面两点：

一　关于形式问题

词称“诗余”，其实，它并不是完全承诗而来。从声律这个角度看，它却是唐诗的反动，律诗的破坏者。诗从汉魏六朝以来，经过数百年的发展和演变，由散趋整，到初唐完成为律诗。律诗章有定句，句有定字，字有定声。到了杜甫，律诗发展到了登峰造极的地步；也是到了杜甫，律诗就已开始遭到破坏。杜甫作了许多“拗体”诗，似乎是有意地要打破律诗太整齐的音调的。中、晚唐时，学他这种“拗体”的颇不乏人，虽然未曾成为一种明显的、有意识的运动，但无疑，这种潜流伏脉，对词的起源起了不小的作用。

词的兴起，一方面打破了律诗的太整齐而近于呆板的音调；另一方面，也就在不整齐的外表里，建立起它自己特有的、新的声律。

词是一种配音乐的文学。词的兴起，和音乐有着明显的关系。词，是曲子词的简称。这名称，很清楚地表明了词与曲的关系。曲，是指音乐部分；词，是指歌词部分。欧阳炯在《花间集序》中说：“绮筵公子，绣幌佳人，递叶叶之花笺，文抽丽锦；举纤纤之玉指，拍按香檀。”可想见唐、五代时作词和唱词的情况。

词所依存的乐曲，是隋唐以来的燕乐新曲。《梦溪笔谈》载："自唐天宝十三载，始诏法曲与胡部合奏，自此乐奏全失古法，以先王之乐为雅乐，前世新声为清乐，合胡部者为宴乐。"故燕乐亦名俗乐。所谓胡部，即指少数民族的音乐。中国的音乐，自元魏开始采用少数民族的音乐，浸淫以迄陈隋，雅郑混淆而无别。而所谓雅乐，则已名存而实亡。到唐开元、天宝年间，燕乐盛行。燕乐所用的乐器（如琵琶）和乐曲，并从外来。这些外来音乐，在中土乐坛上经过接收、消化的过程，不仅促使胡乐中国化，并且有了新的创作。于是乐曲翻新，代有增益。唐崔令钦《教坊记》中所载教坊乐曲，计有杂曲和大曲三百多种。这些流行的曲子，就是曲子词的曲的部分。它们有的来自少数民族，有的来自里巷。《旧唐书·音乐志》说："自开元以来，歌者杂用胡夷里巷之曲。"这说明：词的诞生，是由"胡夷"（外来乐曲）和"里巷"（民间乐曲）两种音乐交融糅合以后，由大众的需求而唱出来的。

词体破律诗的整体而为散体，它采用参差错落的活泼的长短句形式；它又散中有整，这些参差错落的长短句，又构成它自己特有的和谐的整体。词的形式，繁杂中有单纯，单纯中有繁杂。这是一种从旧形式中解放出来而建立起来的活泼而富于变化的新文体。这种新文体的优点是：

它能适应乐曲抑扬顿挫、回环往复的特点，唱起来美听动人，因而受到当时人们的欢迎。

现在的新诗，也是从旧体诗里解放出来的。新诗的形式，往年曾有“歌谣体”和“自由体”问题的讨论。我想：唐宋词兴起的历程，是有可作新诗借鉴的资格的。

自由体诗来自欧美，歌谣体诗出于民间，这恰和词体起于“胡夷”“里巷”的情形相近似。在讨论新诗时，有人曾发表这样的意见：“自由体诗的好处是能够充分地把握语言，但太自由了，只是语言而不像诗；歌谣体的好处是大众熟悉的民族形式，但无条件地拿旧社会的民歌作范本，也不会起提高作用。”两者各有利弊，所以在选择问题上煞费踌躇。词体出于“胡夷”“里巷”，它却能统一两者而自成新体，如《菩萨蛮》《八拍蛮》《八声甘州》《六州歌头》等出自“胡夷”；《竹枝》《渔歌子》《送征衣》《祝英台近》等出自“里巷”；两者交融合流之后，便无从辨出它们的同异。我们也需要统一“自由诗”和“歌谣”两体而创造出另一种新体诗。唐宋词的形成，正是“前事之师”。

二　关于辛弃疾

文人词在我国各体旧文学里，是最缺乏生命力的。汉魏乐府、唐诗、元曲都有健康的作品，而文人词，则大多是疲乏的，苍白的。我们看文人词的词汇，如写自然景物，则喜用“断云”“残月”“微雨”“斜风”，以纤巧为美；写人的感情，则喜用“愁眉”“泪眼”“垂泪”“断肠”，以病态为美。这些反映旧社会有闲阶级思想感情的文人词，和今天劳动人民的好尚自然是格格不入的。在文学遗产中，文人词似乎是最不符合今天的要求了。

但是，也有例外，也可以说是一个奇迹，南宋初年，词坛上出现一位生命力极活跃、生涯极壮阔的作家，他的作品可以说是直接《离骚》，他的人品可以说是屈原以后第一人，这在汉魏乐府、唐诗、元曲的许多作家里，是很难找到可以与他伦比的，他就是辛弃疾。

在辛弃疾一生及其前前后后的一两百年时间里，即从北宋末年到南宋末年，历史上的大事，那就是汉族反抗女真族侵略的斗争。在民族矛盾上升为主要矛盾的时期，反抗异族侵略就成为当时的中心思想。这个时代的中心思想贯穿着辛弃疾一生的全部精力和行动，陶铸了他的整个人格，他也为了实现这个时代的中心思想而贡献出他的整个生命。

唐宋词人的作品，大多和作者的身世历史没有什么关系。唯有辛弃疾，若不了解其身世，便会妨碍我们了解其作品。

辛弃疾首先是一位忠贞的民族志士。他是山东济南人。当他出生时，山东已经沦陷了十二年。他在金政府曾经考取进士，本来可以自此通向仕途，谋求一身一家的显贵，犹如蔡松年那样。但是他激于民族义愤，毅然决然放弃了已到眼前的爵禄，投入耿京的农民起义军，参加了抗金的行列。从民族大节这个角度看，他会使蔡松年一流人黯然失色。从前为辛弃疾作传的人，都讳言他在金曾经考取进士这件事；其实，从这件事上，正说明辛弃疾的不可及处。

其次，他还是一位身冒矢石的战士。当他奉耿京之命，到南京和南宋朝廷联系，归途中听到耿京已被叛徒张安国杀害的消息，他率领五十骑兵，径奔金营，于五万人中缚取张安国，献交宋高宗处决。这时他才二十三岁。洪迈在《稼轩记》中对这件事有所描述，他说："余谓侯（指辛弃疾）本以中州隽人，抱忠仗义，章显闻于南邦。齐虏（指张安国）巧负国，赤手领五十骑，缚取于五万众中，如挟毚兔，束马衔枚……至通昼夜不粒食，壮声英概，懦士为之兴起。"我们看这段活捉张安国的事，岂是过象牙塔生活的书生们所能办到？陈亮为辛弃疾作像赞，说他"眼光有棱""背胛有负"，我们可以想见其气概。比起那班"浅斟低唱"吟哦"滴粉搓酥"的词人，辛弃疾是何等人物？！

再次，辛弃疾又是一位战略家。他渡淮南来以后，曾以《美芹十论》和《九议》两篇政论，献给南宋朝廷。《十论》前三篇分析女真形势，说它“虚弱不足畏”，并不是无隙可乘；后七篇从政治、整军、理财各个方面论证自治图强的策略。富有战斗性的《十论》和《九议》，充分体现了辛弃疾收复中原的战略思想。《美芹十论》《九议》和陈亮的《中兴五论》有很多相同的政见。辛弃疾和陈亮，不仅是词侣，还是学术和政治上的同道。淳熙十五年冬，陈亮到江西铅山拜访辛弃疾，二人畅叙十日，并同游鹅湖，共同商议恢复大事。别后，他们唱和了好几首《贺新郎》词。辛词说：“把酒长亭说，看渊明、风流酷似，卧龙诸葛。”他把陈亮比作陶渊明、诸葛亮一流人物。陈的和词也说：“话杀浑闲说，不成教、齐民也解，为伊为葛。”也把自己和辛弃疾比作伊尹和诸葛亮，并感慨他俩的雄图大计不被人们所了解。试看，古往今来作家中，有几人具有像辛弃疾、陈亮这种战略家、帝王师的才略？

凡是伟大的作家，他们多数是站在时代前线的战士；凡是伟大的文学作品，它们多数是时代的号角。正因为辛弃疾能够站在时代的前列，所以他的词纵横奇变，突过苏轼，为词体开辟了许多未曾有过的新境，唱出时代的最强音。

杜甫无疑是唐诗的集大成者。因为在杜甫后面的韩愈、白居易诸大家，都未能超过杜甫。宋词的发展，到苏轼已大辟疆土，他几乎做到无事无语不可以入词的境地。苏轼自然是一位了不起的大作家，但是在苏轼后面，出现了一位超越于他的辛弃疾。所以我认为，集宋词之大成者，应推辛弃疾。

北宋的范仲淹，现存的词只有五六首，但在词境的开拓方面，是一位划时代的首创者，因为他是以胸襟气概入词的第一个人，是苏、辛派的开山祖。苏轼之后，北宋、南宋之交，出了张元幹、张孝祥一班词人，他们感慨国事，慷慨悲歌，算是苏和辛的过渡；词到了这个时候，真像辛弃疾《沁园春·灵山齐庵赋时筑偃湖未成》词中所说："万马回旋，众山欲东。"只等待一位大作家出来作集大成的工作。

辛弃疾也作过一些古今体诗，这在他只算是余事，所以成就远逊于他的词。他现存的词共六百二十六首，比诗超出八倍以上。他为什么专工词而不专工诗呢？一方面，固然由于他性情之所近；另一方面，宋诗到了苏轼，其势殆尽。南宋出一位大诗家陆游，也总不能超过杜甫和苏轼。宋词到辛弃疾时，却正有待他去做登峰造极的努力。辛弃疾以其敏锐的观察力感觉到这个，并紧紧地抓住这个，付出他一生的精力。他的词不仅在质量方面是优秀的；即在数量方面，也列在唐、宋词家作品的第一位。

当然，辛弃疾是八百年前的古人，他不可能不受到时代的局限，他的作品中不可能没有消极的东西。我们今天本着“批判继承”和“古为今用”的精神，从辛弃疾身上，可以学习两点：第一是他勇于实践的精神，他二十余岁，在北方已有社会地位，但他能从个人利害的圈子里跳出来，投身到民族斗争的时代熔炉中去，过着火辣辣的战斗生活，这不正是我们今天要学习的战斗精神吗？

其次，我们要学习辛弃疾在文学创作上大胆尝试和勇于攀登的精神。他能够感觉到时代的脉搏，并紧紧地把握住它，把它融入他的词中。他对词这种文体，起到扩展它、推进它、完善它的作用。我想：我们学习辛词，应该注重这两点。若只模仿辛词的字句声调作旧词，那么，旧词的时代已经过去了，那就学不到辛弃疾之所以为辛弃疾的真精神了。

附录四

《稼轩词编年笺注》序

李、杜以降，诗之门户尽辟矣，非纵横排奡，不能开径孤行为昌黎也。词至东坡，花间兰畹夷为九馗五剧矣，其突起为深陵奥谷、为高江急峡，若昌黎之为诗者，稼轩也。二子者，遭际胸襟无一同，而同其文术转迹之时会，乾、淳、嘉泰之词，固犹诗之元和、长庆也。

今观稼轩，若题瓢泉之效招魂，酌中秋之摹天问，与夫沁园春、六州歌头之赋齐庵、对鹤语，铺排起伏一综于汉赋，挈班、扬以侣秦、柳，固昌黎之遗则也。至如兰陵王之述梦、贺新郎之别弟，以及哨遍诸章之解庄，云谲波骇，千汇万态，尤乐章之至奇；喻之于诗，非犹北征之后而有南山、月蚀耶？虽云身世境会，坡、稼本不尽同，而文事尚变，推演递渐，固亦势运所必然。由是而后村，而须溪，浸假蜕玉蝴蝶、最高楼而为元曲，譬夫高山转石，不至地不止焉。耳食者乃哗然以旧格曩规绳稼轩，岂通变之见哉。

予友邓君恭三治文史，了然于迁嬗之故，出其绪余，为稼轩年谱，并笺其词，曩予获见一二，惊为罕觏。顷恭三自北平游滇，道出上海，乃得读其全稿。钩稽之广，用思之密，洪兴祖、顾嗣立之于昌黎，殆无以过。既写定，辱以一言为属。

昔元遗山论韩诗，以为江山潮阳之笔，非东野诗囚所能望；今之词家，好标举梦窗，其下者幽暗弇闭尤甚于郊、岛。得恭三兹编以鼓舞之，蔚为风会，国族精魂将怙以振涤，岂第稼轩功臣，与洪、顾比肩已哉。

二十八年（1939）十二月

永嘉夏承焘敬序

【附】

夏先生的这篇序文，既论述了词的流变，论述了稼轩词在宋词中的地位，并对三十年代中国词坛的取向表示了意见，是一篇很重要的文章。在四十年代初，此书此序虽已由商务印书馆排版付型，而以纸张短缺，迄未印行。1955年转交上海古典文学出版社重排，出版社因故而未能刊出，我对此深感歉疚。今借此增订改版机会，把序文一字不易地冠诸卷首，然终犹痛惜夏先生之不及见也！

邓广铭附记

1991年6月20日

附录五

论词的创作

填词怎样选调

词，是一种配合音乐的文学，它本为歌词而作。词调是规定一首词的音乐腔调的。

选一个最适合于表达自己创作感情的词调，是填词的第一步工序。

各个词调都有它特定的声情——音乐所表达的感情，初学填词者要懂得如何选择它、掌握运用它。如《满江红》《水调歌头》一类词调，声情都是激越雄壮的，一般不用它写婉约柔情的内容；《小重山》《一剪梅》等是细腻轻扬的，一般不宜写豪放感情的内容。词调声情必须和作品要表达的感情相配合，这首作品才能够达到它的音乐效果，才能够达到超于五、七言诗的效果。

词牌和音乐逐渐脱离之后，一般词人不复为应歌而填词，以为抒情达意，词同于诗，可以不顾它的音乐性，因之并忽略词调的声情。这种情形早在宋代就已产生，如《千秋岁》这个调子，欧阳修、秦观、李之仪诸人的作品都带着凄凉幽怨的声情（秦观填这个调，有“落红万点愁如海”的名句）。我们看这个调子的声韵组织：它的用韵很密，并且不押韵的各句，句脚都用仄声字，没有一句用平声字来作调剂的，所以读来声情幽咽。黄庭坚就用这个调子来吊秦观，后人便多拿它作吊唁之词。可是宋代的周紫芝、黄公度等人因调名《千秋岁》却用它填写祝寿之词，那就大大不合它的声情了。《寿楼春》调声情凄怨，有人拿它填作寿词也不对。这都是只取调名而不顾调的声情的错误。所谓“填词”必须“选调”，原是选调的声情而不是选调的名字。

怎样认识分辨每个词调的声情呢？在词和音乐还不曾脱离的时候，有些论词的书籍，记载过某些词调的声情。最著名的是宋代王灼的《碧鸡漫志》，它对《雨霖铃》《河满子》《念奴娇》等调，都有详细的著录，这是介绍词调声情最宝贵的材料。可惜这类材料保存下来的不多。我们现在研究词调，只有拿《词律》《词谱》等书做基础，仔细揣摩它的声情。大概可有几种方法：

一是从声、韵方面探索，这包括字声平拗和韵脚疏密，等等；

二是从形式结构方面探索，包括分片的比勘和章句的安排，等等；

三是排比前人许多同调的作品，看他们用这个调子写哪些感情的最多，怎样写得最好。

这样琢磨推敲，也许会对于运用某些词调声情的规律十得七八。

但是，一切形式总是为内容服务的，我们掌握词调的声情，是为了更好地表达词的内容，绝不应死守词的格调而妨碍它的思想感情。北宋婉约派词人周邦彦，尽管他精通音律，讲究声调，但是由于作品内容空虚，他的成就便远不及苏轼、辛弃疾等豪放派作家。而苏、辛派作家的作品因为有丰富内容，自然要求突破格律的束缚。所以我们揣摩词调的声情，不应为声情而声情，走上周邦彦一派的歧路。我们要能入能出，做到《庄子》中所说“得鱼忘筌”的地步。这是要注意的第一点。还有，形式格调虽然有定而实无定，能活用形式格调的人，是作家。我们说某个词调宜于写豪放感情，或宜于写婉约感情，这只是一般的说法，并不排斥许许多多例外的作品。譬如一般都说《满江红》是声情激越的调子，宜于写豪放感情，但是辛弃疾《敲碎离愁》一首说：“满眼不堪三月暮，举头已觉千山绿。但试把一纸寄来书，从头读。”《风卷庭梧》一首说：“天远难穷休久望，楼高欲下还重倚。拚一襟、寂寞泪弹秋，无人会。”何尝便不如“不念英雄江左老，用之可以尊中国。叹诗书、万卷致君人，翻沉陆”？又如《六州歌头》的声韵结构，无疑是沉郁顿挫的，从宋代贺铸、张孝祥、刘过诸家所作可见；而辛弃疾的“晨来问疾”一首，韩元吉的“东风着意”一首，却用它来写幽隐、咏桃花，声调又何尝不合。可见大作家能运用一种形式纵横无碍地写多种情感，而不会困于格律之下。我们说选调，原要揣摩声情，但不能以揣摩所得的声情来衡量大作家具体的作品。反之，有时却要以大作家具体作品为标准，来衡量某些词调的声情。一个词调用多种具体作品来衡量，可以有多种声情，如前举《满江红》《六州歌头》（当然，首先要估定这首作品的价值）。古语说：“神而明之，存乎其人。”我们说词调声情，正要体会这句合理的古语。以后再列举若干词调作为例子，略加解说，以补《词律》《词谱》诸书所未备。

词调与声情

在上篇里，我曾谈到各个词调都有它特定的声情，现在略举数例，稍作说明（旁谱说明：“—”表平声，“|”表仄声，“⊤”表平声可以作仄，“⊥”表仄声可以作平）。

例一：《西江月·遣兴》（辛弃疾）

醉里且贪欢笑（句），要愁那得工夫（平韵）。

┴ | ┴ — ┬ |　　　┴ — ┴ | — —

近来始觉古人书（叶平），信著全无是处。（仄韵）

┴ — ┴ | | — —　　　┴ | ┬ — ┴ |

昨夜松边醉倒（句），问松我醉何如（叶平）？

┴ | ┬ — ┴ |　　　┴ — ┴ | — —

只疑松动要来扶（叶平），以手推松曰去（仄韵）！

┴ — ┬ | | — —　　　┴ | ┬ — ┴ |

此双调五十字。《词谱》说它“始于南唐欧阳炯。前后段两起句俱叶仄韵。自宋苏轼、辛弃疾外，填者绝少”。按此调已见于唐代《教坊记》曲名表，非起于五代欧阳炯。现存作品，时代最早的是《敦煌曲子》词中写月夜弄舟的三首。

李白《苏台览古》诗：“只今惟有西江月，曾照吴王宫里人。”《西江月》调名或本此。

此调上下片各四句，除第三句七字外，都是六字句。每片二、三两句用平声韵，两结则用与平韵同部的仄声韵。词中小令，平仄通叶的很少，此调这点要注意。仄声字音重，又放在两片的末了，最好用沉重的语气来振动全首。唐五代人填此调的多作儿女情词，声调婉弱，很少用重语，因此不能发挥这两个仄声韵的作用。如柳永的两结作“春睡厌厌难觉”“又是韶光过了”等便是。至苏轼作“今日凄凉南浦”“俯仰人间今古”，比较沉重。运用此调声情最好的，是辛弃疾“醉里且贪欢笑”一首。它的上结：“近来始觉古人书，信著全无是处。”十三字分量很重，可以镇纸。下片结语：“只疑松动要来扶，以手推松曰去！”写大醉的神态，实是表达身世牢骚之感。并且用散文句法，更觉有拗劲。

例二：《菩萨蛮·书江西造口壁》（辛弃疾）

郁孤台下清江水（仄韵），中间多少行人泪（叶仄）。

┴—┬|——|　　┬—┬|——|

西北望长安（平韵），可怜无数山（叶平）。

┬||——　　┴——|—

青山遮不住（换仄韵），毕竟东流去（叶仄）。

┬——||　　┴|——|

江晚正愁余（换平韵），山深闻鹧鸪（叶平）。

┬||——　　┬——|—

此双调四十四字，唐教坊曲名。苏鹗《杜阳杂编》说：大中初，女蛮国入贡奉。其国人危髻金冠，璎珞被体，故谓之“菩萨蛮”。当时倡优遂制《菩萨蛮》曲，文士亦往往声其词。《宋史·乐志》说是“女弟子舞队名”（近人杨宪益说“菩萨蛮”三字乃“骠苴蛮”或“符诏蛮”之异译，其调乃古缅甸乐，确否待考）。

此调上下片各四句，由两个七言句、六个五言句组成。每两句一换韵，首二句用仄韵，三、四句换用平韵。

此调全以五、七言句组成，近于唐代的近体诗。格调匀整、声情谐婉。但在一首里四次换韵，在小令中算是用韵最密也是换韵最多的一个调。换韵有时是暗示转意的，这个调子两句一换韵，忌一意直下。

温庭筠填此调十四首，最著名的一首是：

小山重叠金明灭，鬓云欲度香腮雪。懒起画蛾眉，弄妆梳洗迟。

照花前后镜，花面交相映。新贴绣罗襦，双双金鹧鸪。

全词是写一个贵族妇女梳妆时的心情。八句分四层。上片四句写梳妆以前，两句写形态，两句写情态。“懒”字、“迟”字，暗伏全词结句的意思。下片写妆成以后，两句写明靓的妆面，两句由衣着而带出其人孤独的心情，有《诗经》“谁适为容”的感慨。全词结构严密，语意深婉有层次。他另一首的上片：

水精帘里颇黎枕，暖香惹梦鸳鸯锦。江上柳如烟，雁飞残月天。

也是四句两意，用暗转的笔法，写出两种截然不同的境界。这是写离情的词，前二句描绘留者环境的舒适，下二句写行者客路的凄凉。用对比法烘托离情。

温庭筠填此调，皆严守平仄字声，尤其是末了两结句，如“弄妆梳洗迟”“驿桥春雨时”“此情谁得知”“杏花零落香”等，都作“仄平平仄平”拗句。他的十四首作品中只“双双金鹧鸪”“无聊独倚门”两句是例外。词原是配合音乐的文学，注意字声的配搭，会更有助于音节的铿锵，上下片的结句尤为音节关键。在不妨碍内容表达的时候，也应该照顾这方面。

五代北宋人填此调的，多写闺房儿女之情，这和当时的词风与作者的生活、思想均有关系。像辛弃疾“郁孤台下清江水”这样的作品，以《菩萨蛮》来写忧生念乱的大感慨，那是不多见的。但是我们看这调子，虽然用韵甚密且多转换，毕竟全首用五、七言整齐字句，所以它的声情还是偏于和平的。这一首“郁孤台下清江水”，也还是近于沉郁而不是纵横奔放的。

词的转韵

一首词里用平仄韵同押的，其作法和古诗不尽相同。古诗转韵无定格，词则某句应平、某句应仄，不能随意改变，所以词韵转换较难安排。现举习见的两首小令《减字木兰花》《菩萨蛮》作例子，谈谈作词的转韵法。

《减字木兰花》上、下片各四句，句句押韵，每二句转一韵，八句共押四部韵（两部仄韵，两部平韵）。平仄字读来声调不同，所以平仄韵变改处，文意也应跟着有所不同。前人填《减字木兰花》，平仄韵转换处，大都意随韵转，如黄庭坚《和赵文仪》一首的上片：

诗翁才刃（仄韵），曾陷文场貔虎阵（叶仄）。谁敢当哉（转平韵）？况是焚舟决胜来（叶平）！

第三句用问句，第四句用“况是”，表示文义进了一层。又如苏轼作《减字木兰花·春月》的下片：

轻烟薄雾，总是少年行乐处。不似秋光，只与离人照断肠。

《减字木兰花·立春》下片云：

春幡春胜，一阵春风吹酒醒。不似天涯，卷起杨花似雪花。

第三句都用“不似”明点意转。也有用“却”字来表达的，如：

晓来风细，不会鹊声来报喜。却羡寒梅，先觉春风一夜来。

辛弃疾作此调，并且有上、下片都用“却”字的，如《减字木兰花·宿僧房有作》：

僧窗夜雨，茶鼎熏炉宜小住。却恨春风，勾引诗来恼杀翁。

狂歌未可，且把一尊料理我。我到亡何，却听侬家陌上歌。

这种用虚字“况”“却”“不似”明点韵转的，前人词中并不很多，最多是暗中转意的。如苏轼《送东武令赵昶失官归海州》：

贤哉令尹，三仕已之无喜愠！我独何人？犹把虚名玷搢绅。

不如归去，二顷良田无觅处。归去来兮，待有良田是几时？

全首两句一转，四韵一转，不必虚字明点，更觉流转自然。

前人填《菩萨蛮》词，也多用此法。如苏轼的《七夕》下片云：

相逢虽草草，长共天难老。终不羡人间，人间日似年！

末二句写牛女情事，可与秦观《鹊桥仙》的“金风玉露”之句并称，两句一转意，尤为轻便灵活。《菩萨蛮》这个调子，温庭筠各首最早最有名，他的第二首的上片，转意最奇特：

水精帘里颇黎枕，暖香惹梦鸳鸯锦。江上柳如烟，雁飞残月天。

这是写恋情的词，上片四句平列两种环境：前两句闺房陈饰，是写十分温暖舒适的生活；后两句是写客途光景，极其荒凉寂寞。中间转换处不着一字，而依恋不舍之情自见。柳永的《雨霖铃》：“今宵酒醒何处？杨柳岸晓风残月。”也许即从此脱化。

温庭筠此词，又有全首不转，至末了才大转的，如：

小山重叠金明灭，鬓云欲度香腮雪。懒起画蛾眉，弄妆梳洗迟。

照花前后镜，花面交相映。新贴绣罗襦，双双金鹧鸪。

这首词写一个女子孤独的哀愁。全词用美丽的字句，写她的晓妆：开首写额黄褪色，头发散乱，是未妆之前；三、四句是懒妆意绪；五、六句是妆成以后对影自怜的心情；最后七、八两句表面还是写妆扮，她在试衣时忽然看见衣上的“双双金鹧鸪”，于是怅触自己的孤独的生活。全词寓意，于是最后豁出。“双双”二字是全首的词眼，七、八两句是全文的高峰。但表面还是平叙晓妆过程，好像不转，实是一个大转折。这手法比明转更高。

古乐府里也有用转韵暗示转意的，如《饮马长城窟行》的末段：

> 客从远方来，遗我双鲤鱼。
> 呼儿烹鲤鱼，中有尺素书。
> 长跪读素书，书中竟何如？
> 上言加餐食，下言长相忆。

末了两句，也好像是承上文的平叙语，其实是突起高峰。全首数十句，叙两地相思，到末了写接来信，信里只有“长相忆”“加餐食”的话，而没有一字提到归期。这使他十分失望。只在上文六句平韵之后突转“忆”“食”两个仄字韵，就是暗示读者这是全首情感的大转变，比明说更强烈。

还有一首乐府是《艳歌行》：

> 翩翩堂前燕，冬藏夏来见。
> 兄弟两三人，流宕在他县。
> 故衣谁当补？新衣谁当绽？
> 赖得贤主人，揽取为吾袒。

夫婿从门来，斜柯西北眄。
语卿且勿眄，水清石自见。
石见何累累，远行不如归！

上文一路叙事，连用八句仄韵，最后改用“累”“归”两平韵，才转出全篇本意，原是久客思归之感。读到这里才知道上文的小故事可能是为这个结句的意思而虚构的。

诗歌以韵转表意转的，这两首乐府可说是代表作。温庭筠这首《菩萨蛮》，文学体制和乐府不同，不能说是有意仿效的，但就词的转韵说，却有异曲同工之妙。

词的分片

词的体制和诗有很不相同的一点，就是它的分片。

绝大部分的词调都是一首分为几段。最普遍的是分二段，也有分三段、四段的。不分段的单片词像《竹枝词》《十六字令》《闲中好》《纥那曲》等，在全部词里只占很小的一部分。这是词体的特点。在诗里，律诗、绝句都不分段；长篇古诗虽然字句多，叶韵往往变换，前后文意也常有许多变化，但总是自成一首。所以词的作法和读法是和诗不同的。

词为什么要分段？这只要看它分段的种种名称就可知

道。词的一段叫一“片”，一片就是一遍，就是说，音乐奏过了一遍。乐奏一遍又叫一“阕”，（乐终叫阕，从门，《说文解字》：“事已闭门也。”）所以“片”又叫“阕”。上片、下片又叫上阕、下阕。这和《诗经》的分“章”、古乐府的分“解”，都是音乐上的关系（“片”又叫“叠”叫“撷”，但比较少用）。现代的歌曲也有叠两次或多次而合为一曲的，词的分片也和这情形一样。

词虽分数片，但仍是一首。它的上、下片的关系是同首，却又好像不是同首。以作法说，上片的末句要似合而又似起，下片的起句要似承而又似转。宋代张炎《词源》“制曲”条说：“过片不可断了曲意，须要承上接下。”过片就是指下片的开头。宋代沈义父《乐府指迷》也说：“过处多是自叙。若才高者方能发起别意，然不可太野，走了原意。”看姜夔的《齐天乐·蟋蟀》词：

庾郎先自吟愁赋，凄凄更闻私语。露湿铜铺，苔侵石井，都是曾听伊处。哀音似诉。正思妇无眠，起寻机杼。曲曲屏山，夜凉独自甚情绪？

西窗又吹暗雨，为谁频断续，相和砧杵？候馆迎秋，离宫吊月，别有伤心无数。豳诗漫与。笑篱落呼灯，世间儿女。写入琴丝，一声声更苦！

这是姜夔的名作。张炎举这首词作为过片的典范，说它过片“西窗又吹暗雨”一句能“承上接下”“曲之意脉不断矣”。我们看它上、下片用六种声音——吟声、低语声、机杼声、雨声、砧杵声、琴曲声来形容蟋蟀声，在这些声音里写出诗人的秋思。但上、下片的作法不同：上片是人物交绾，用人的吟诗、私语、纺织来比蟋蟀声；下片是哀乐相形，候馆、离宫是伤心之地，篱间寻蟋蟀则是儿女乐趣。两片所写都是实际的人事，而中间用“西窗又吹暗雨”一句空灵之笔作这过渡，把它联系起来。着一“又吹”的“又”字，和“为谁频断续”一问句，更摇曳生姿，又不“走了原意”，确是高手名作。作者未必这样有意经营，是高手笔下的自然而然的产物。

宋词中过片名作，可以和这首比美的，还有以下各例：

苏轼的《水龙吟》咏杨花的过片：“不恨此花飞尽，恨西园、落红难缀。”

姜夔的《一萼红·登定王台》的过片：“南去北来何事？荡湘云楚水，目极伤心。”

吴文英《高阳台·丰乐楼分韵得如字》的过片：“伤春不在高楼上，在灯前欹枕，雨外薰炉。”《三姝媚·过都城旧居有感》的过片：“春梦人间须断，但怪得当年，梦缘能短。”

这些过片作法，也都要结合它的上下文来体会。

词过片的作法也有比较特殊的，现在把它分作几类，举例如下：

（1）下片另咏他事、他物的。

如辛弃疾《感皇恩·读庄子，闻朱晦庵即世》：

案上数编书，非庄即老。会说忘言始知道。万言千句，不自能忘堪笑。今朝梅雨霁，青天好。

一壑一丘，轻衫短帽。白发多时故人少。子云何在？应有玄经遗草。江河流日夜，何时了？

上片“读庄子”，下片“闻朱晦庵即世”，题与词皆分作两阕，似不相关。

（2）上片结句引起下片的。

如冯延巳《长命女》：

春日宴，绿酒一杯歌一遍，再拜陈三愿。

一愿郎君千岁，二愿妾身常健，三愿如同梁上燕，岁岁长相见！

苏轼《卜算子·黄州定慧院寓居作》：

缺月挂疏桐，漏断人初静。谁见幽人独往来？缥缈孤鸿影。

惊起却回头，有恨无人省。拣尽寒枝不肯栖，寂寞沙洲冷。

此词上片结句读“孤鸿”，下片专写鸿。

苏轼《念奴娇·赤壁怀古》上片结句：“江山如画，一时多少豪杰。”引起下片“遥想公瑾当年……”一段。

《钦定词谱》引《古今词话》无名氏《御街行·咏雁》，上片结句“雁儿略住，听我些儿事”。下片接写：“塔儿南畔城儿里，第三个桥儿外，濒河西岸小红楼，门外梧桐雕砌。请教且与，低声飞过，那里有、人人无寐。”下片叮咛吩咐的话，即紧接上片结句，作法更明显。

（3）下片申说上片的。

如辛弃疾《玉楼春·乐令谓卫玠：人未尝梦捣齑，餐铁杵，乘车入鼠穴，以谓世无是事故也。余谓世无是事，而有是理，乐所谓无，犹云有也。戏作数语以明之》：

有无一理谁差别？乐令区区犹未达。事言无处未尝无，试把所无凭理说。

伯夷饥采西山蕨，何异捣齑餐杵铁。仲尼去卫又之陈，此是乘车穿鼠穴。

下片伯夷、仲尼二事，就是申说上片“事言无处未尝无”的道理。

程垓《宴清都》上片：“凭画阑，那更春好花好酒好人好。”下片说：“春好尚恐阑珊，花好又怕飘零难保。直饶酒好，酒好未抵意中人好。相逢尽拼醉倒，况人与、才情未老。又岂关、春去春来，花愁花恼。”下片申说春好、花好、酒好不及人好，这和前一类上片结句引起下片的作法相近，但不完全相同。

（4）上下片文义并列的。

如欧阳修《生查子·元夕》：

去年元夜时，花市灯如昼。月上柳梢头，人约黄昏后。

今年元夜时，月与灯依旧。不见去年人，泪湿青衫袖。

“去年”“今年”，两片并列。

又如吕本中《采桑子》：

恨君不似江楼月，南北东西。南北东西，只有相随无别离。

恨君却似江楼月，暂满还亏。暂满还亏，待得团圆是几时？

作法与欧阳修的词相同。

（5）上片问、下片答的。

如刘敏中的《沁园春》：

石汝来前！号汝苍然，名之太初。问太初而上，还能记否？苍然于此，为复何如？偃蹇难亲，昂藏不语，无乃于予太简乎？须臾便、唤一庭风雨，万窍号呼。

依稀似道：狂夫！在一气何分我与渠？但君才见我，奇形怪状；我先知子，冷淡清虚。撑住黄垆，庄严绣水，攘斥红尘力有余。今何夕，倚长风三叫，对此魁梧。

上片问石，下片石答。

李孝光《满江红》上片："舟人道，官依缘底，驰驱奔走？"下片起句："官有语，依听取。"也和上例刘敏中的词作法相同。

（6）打破分片定格的。

这是把上下片的界限完全混淆了。如辛弃疾的《贺新郎·别茂嘉十二弟》：

绿树听鹈鴂，更那堪、鹧鸪声住，杜鹃声切。啼到春归无寻处，苦恨芳菲都歇。算未抵、人间离别。马上琵琶关塞黑，更长门、翠辇辞金阙。看燕燕，送归妾。

将军百战身名裂。向河梁、回头万里，故人长绝。易水萧萧西风冷，满座衣冠似雪。正壮士、悲歌未彻。啼鸟还知如许恨，料不啼、清泪长啼血。谁共我，醉明月！

“马上琵琶”至“悲歌未彻”十句，平列四件离别故事，过片不变，完全打破过片成法。他的《永遇乐·京口北固亭怀古》，从开头“千古江山”至下片“赢得仓皇北顾”十四句，叠叙孙权及刘裕、刘义隆二帝故事，过片处也文义不变。

辛弃疾的友人刘过有的《沁园春·寄辛承旨（弃疾），时承旨招不赴》词：

斗酒彘肩，风雨渡江，岂不快哉！被香山居士，约林和靖，与坡仙老，驾勒吾回。坡谓："西湖正如西子，浓抹淡妆临镜台。"二公者，皆掉头不顾，只管传杯。

白言："天竺去来，图画里峥嵘楼阁开。爱纵横二涧，东西水绕；两峰南北，高下云堆。"逋曰："不然，暗香浮动，不若孤山先访梅。须晴去，访稼轩未晚，且此徘徊。"

上、下片铺叙三人言语，过片处亦文义不变，作法与上引两首辛弃疾词相同。

打破分片定格最奇变的例子是辛弃疾的《破阵子·为陈同甫赋壮词以寄之》：

醉里挑灯看剑，梦回吹角连营。八百里分麾下炙，五十弦翻塞外声，沙场秋点兵。

马作的卢飞快，弓如霹雳弦惊。了却君王天下事，赢得生前身后名。可怜白发生！

从"醉里挑灯看剑"到"赢得生前身后名"九句，写军中生活心情，写雄壮的军容，写投入战斗，写对功业的热望。九句虽分属上下两片，文义却是一整段，是题目所谓"壮词"。"沙场秋点兵"处以下文义应断不断，已是越出规律。

更奇的是，依题目说，前九句是“壮词”的正面文字，但是依作者的身世情感说，却全是虚构的文字。他的正面文字只有末了“可怜白发生”一句，这一句说出他自己年华虚度、壮志落空的沉痛心情。文情到末了，变雄壮为悲壮，这末了一句否定了上面九句五十七字。若以文义分片，前九句应作一片，末五字句应独为一片。宋词分片格式，以这首最突出了。这是由于作者有强烈的身世之感，所以能冲决词的形式，我们不应以寻常格律来衡量它。

以上六种例子虽然不多见，但是我们若要研究词的分片，拿它同唐诗、元曲的结构做比较，那么，这些不多见的例子也是不可忽视的。

宋词用典举例

古典文学作品善于运用典故的，对作者当时说，也算是“古为今用”。

多用典故，是我国古典文学作品里一个突出的现象。它对作品有利有弊。有些作者用典故来炫博矜奇，用典故来粉饰空无内容的作品，它的流弊就很大。有的运用人人熟知易解的典故，用得很恰当，能以少量文字表达比较丰富的意思，能给人以具体、鲜明的印象，有的还能起“古为今用”的作用。这种是完全应该肯定的。

一般人鉴于滥用典故的流弊，总以多用典故为诫，这有时也是因噎废食之论。我们应该分别对待这个问题，不可粗率地否定一切用典故的作品。这里面有两种粗率的看法：一类认为多用典故的作品就不是好作品，不是上乘作品，这是忽略了有些典故的本身是有其思想性的；一类则拿所用典故的思想性来连坐这篇作品的思想性，这是混淆作品的题材和主题的区别。这里举两首宋词作例子来讨论这个问题。

一首是辛弃疾的《永遇乐·京口北固亭怀古》：

> 千古江山，英雄无觅，孙仲谋处。舞榭歌台，风流总被、雨打风吹去。斜阳草树，寻常巷陌，人道寄奴曾住。想当年，金戈铁马，气吞万里如虎。
>
> 元嘉草草，封狼居胥，赢得仓皇北顾。四十三年，望中犹记，烽火扬州路。可堪回首，佛狸祠下，一片神鸦社鼓。凭谁问，廉颇老矣，尚能饭否？

这首词一共用了孙权、刘裕、宋文帝、北魏太武帝（佛狸）、廉颇五件典故。全首词不用典故的只有“四十三年，望中犹记，烽火扬州路”三句。辛弃疾词以多用典故出名，这首在整部辛词里算是最突出的一首了。但是他用这些典故和一般文人的用典故不同，因为这首词里的五件典故，它本身的思想性和作者这首作品的思想性是紧紧地联系的，并且这些典故都是京口（今江苏镇江）这个地方的历史掌故，是这个“京口北固亭怀古”题目里应有的文章。这首词是辛弃疾六十五岁被韩侂胄起用为镇江知府时作的。上片怀念孙权、刘裕。孙权曾经北抗曹操；刘裕也曾北伐，先灭山东的南燕，后灭陕西的后秦。辛弃疾宋孝宗乾道乙酉进《美芹十论》，也主张先取山东，曾说：“不得山东则河北不可取，不得河北则中原不可复。”下片用王玄谟劝宋文帝北伐事，意思是惋惜文帝不曾做好准备，冒险北伐，以致大败，让佛狸深入南方。这原是为韩侂胄而发的，当时韩侂胄要以伐金自立大功，不肯听辛弃疾先做充分准备的劝告，后来果然一败涂地，不出辛弃疾之所料。中段回忆自己少年时从北方起义南来时事。结句以廉颇自比，表达为国效劳的忠心。这时辛弃疾虽任边防重职，但韩侂胄并不尊重他的意见，次年他便被劾落职了。

这首词里用这些典故，一方面原是这个“怀古”题目里应有的历史事实，一方面又是借用历史事实表达自己的思想，并且拿它来对统治集团作规劝和斗争，这也是用历史的经验为当前的政治服务。若论这些典故在这首词里所起的政治性、思想性的作用，可以说是全宋词里用典故的作品中最突出的一首。尽管它用得这么多，但对作品的内容说，完全是有利无弊的，完全是应该肯定的，绝不应拿它与一般文士用典故来装饰的作品相提并论。当时岳珂著《桯史》，却讥这首词“微觉用事多耳”。这还是一般文士的见解，未能深识这首词用典故的特色。

再来谈谈姜夔过扬州作的《扬州慢》：

> 淮左名都，竹西佳处，解鞍少驻初程。过春风十里，尽荠麦青青。自胡马窥江去后，废池乔木，犹厌言兵。渐黄昏，清角吹寒，都在空城。
>
> 杜郎俊赏，算而今、重到须惊。纵豆蔻词工，青楼梦好，难赋深情。二十四桥仍在，波心荡、冷月无声。念桥边红药，年年知为谁生？

姜夔二十余岁作的这首词，是他集子里的名作。有人说它“纵豆蔻词工，青楼梦好”几句是冶游狎妓的口气，因而判定它是一首思想性很差的作品。我以为不尽然。“青楼梦好”几句，用杜牧扬州诗。杜牧这诗原是“唐人好狎”风气下的产物。一般地说，作品里所用的典故，原和作品本身的思想内容有其一致性。但也不能一概而论，有些作品不能因为它所用典故的思想性而连坐这首作品本身的思想性。这种情形在古典文学里相当多，随便举个例子，杜甫诗："远愧梁江总，还家尚黑头。"江总是一个没有品格的文人，我们可以因此就贬低杜甫这首作品的思想性吗？辛弃疾《鹧鸪天·鹅湖归病起作》："书咄咄，且休休。""咄咄书空"用殷浩故事，亦复如此。

姜夔在南渡兵火之后，写这首凭吊扬州的词。凭吊扬州首先令人想到的是它在唐代的繁华，繁华是这个地方的历史特征。杜牧这些诗对这方面说，是有其代表性的，所以历代文人借它作典故用。后来刘克庄作过扬州的《沁园春·维扬作》"也无人报，书记平安"，亦用杜牧事。经扬州而回忆它的繁华，也犹之经长安、洛阳而回忆它是古代帝都一样。姜夔用"青楼梦好"几句，也正好为"清角吹寒，都在空城""废池乔木，犹厌言兵"写荒凉景象的句子作反衬，不能因此就说它的思想性差。孔尚任《桃花扇》的《余韵》一出，回忆金陵亡国前的情况，有"眼看他起朱楼，眼看他宴宾客，眼看他楼塌了。这青苔碧瓦堆，俺曾睡风流觉"。这里也有冶游狎妓的句子，我们不能因此就贬低它含有国家民族兴亡大感慨的思想性。

姜夔这首词的主题思想，他已经在小序里用"黍离之悲"一句话点明，那是怀念故国、憎恨敌人残暴的感情。我们读这首词首先被激发的，是“自胡马窥江去后，废池乔木，犹厌言兵”；是“渐黄昏，清角吹寒，都在空城”几句，这是表达主题的文字。它用杜牧“青楼梦好”几句，只是这个主题反衬的材料。同样的材料可以为不同的主题服务，我们不能因为它所用材料的思想内容是该批判的，便连坐整首作品。因为估定一首作品的思想性，主要的是它的主题思想，而不是它的材料。

固然，这首词有它的局限性。张孝祥的《六州歌头》，在当时有鼓舞人心的作用。而姜夔这词的感情毕竟与张孝祥的《六州歌头》不同，这由于他们的政治地位和生活感情不同。姜夔在南宋，只是一个落拓江湖的高人雅士，不是属于社会反抗势力一面的人物，这首词有其局限，我们原不应过高估计它的思想性。但是若由于它用杜牧的典故，就认为它是思想性很差，我却不同意。从前也有人拿杜甫《哀江头》诗的“细柳新蒲为谁绿”来比姜夔的“念桥边红药，年年知为谁生”几句，并说《扬州慢》是爱国感情很浓厚的作品，我也不同意，这都是不合分寸的说法。

以上是我对有些人粗率地批判古典文学用典故的一点看法。辛弃疾有些词原有好“掉书袋”的弊病，姜夔也有许多情感不健康的作品，但对上举的两首词，却要仔细研究，作出恰如其分的评价。

把运用典故这一古典文学创作方法提高到理论上来接受，当然还要深入研究讨论，本文只作些粗浅的举例说明而已。

说小令的结句

词里的小令，因体制短小，造句特别要凝练。结句更要语尽意不尽。一首小令的结句好，会映带全首有光彩；结句不好，前文的好句也会为之减色。所以结句往往是关键所在。这情形正和绝句诗相似。这里举几首《浣溪沙》做例子。

《浣溪沙》全首只有六句，四十二个字，上、下片各三句，它的每片末句，颇不易填，不可“掉以轻心”。先谈谈北宋晏殊的一首：

> 一曲新词酒一杯，去年天气旧亭台。夕阳西下几时回。
>
> 无可奈何花落去，似曾相识燕归来。小园香径独徘徊。

这是怀旧之作。上片由眼前景物引起对往事的怀念：现在唱词喝酒，天气、亭台和从前一样，但是从前的一切已如“夕阳西下”，成为过去了。下片拈出两件小事情“花落”和“燕归”。“无可奈何”和“似曾相识”都是成语，把它联系在“花落去”和“燕归来”的上面，由熟得生，转旧成新，便成为名句。花落是无从挽救的，所以说“无可奈何”；燕子是年年重归旧窠的，所以说“似曾相识”。这首怀旧词主要是感伤往事，但是这里不单单写“去”，却接着写“来”，以“来”烘托“去”，便比单单写“去”更浓挚。以“花落”比人去，是寻常语；以“燕来”反衬人去，便是加倍写。燕子是双双回来的，也更足勾起人去后的孤零之感。还有，在这首词里，写“去”是本意，是主；写“来”是余文，是宾。一般写论文，主意当然重于余文；在文学作品里，有时余文却比主意写得出色。如柳永的《雨霖铃》“多情自古伤离别，更那堪冷落清秋节”这句是主意，接着“今宵酒醒何处，杨柳岸、晓风残月”是点染主意的余文。这余文却是胜于主意的名句。一般写论文，主意在后面，总结全文，起画龙点睛的作用。但是文学作品里，余文的地位有时重于主意，要放在主意之后。这首词把“燕归来”句安排在“花落去”之后，正和柳永《雨霖铃》的作法相同。这样安排会更增强全词的唱叹声情。

在这“花落”“燕来”一联传诵名句之后，读者要求有一更出色的好句，来结束全篇。可是很失望，晏殊只写出“小园香径独徘徊”这样的七个字。前面“花落”“燕归”一联是强句，对比之下，“小园香径独徘徊”一句显得较弱。这无疑是这位名词家的懈笔。

晏殊对“无可奈何”这两句，很自欣赏。他曾经又把它写入另一首律诗里（诗题是《示张寺丞王校勘》，王校勘即王琪，宋人笔记说下句是王琪代对，不可信）。前人说以这两句的格调论，只宜于入词而不宜于入诗。这个看法是否正确，姑且不论。我们从表达效果和作品章法说，把这两句放进律诗，可成为全首诗的中坚。写入这首《浣溪沙》，却嫌全首不匀称。其实是结句太弱连累了它。

下面举一首《浣溪沙》写得成功的例子，是五代张曙的《悼亡》词：

枕障薰炉隔绣帷，二年终日苦相思。杏花明月始应知！

天上人间何处去？旧欢新梦觉来时。黄昏微雨画帘垂。

这词的内容、情感和前首近似，开首写闺房陈设，用一“隔”字，便暗点别离。第三句说只有杏花和明月知道我生离死别的苦痛，因为它是我俩当时相爱的见证，是写这苦痛无人共喻的感叹。下片“何处去”指死者，“觉来时”指生者。他只有在梦寐里才得重温旧日的欢爱。“黄昏微雨画帘垂”，是梦醒之后寂寞怅惘的光景。

这词之所以动人，是由于它的形象性强，“黄昏微雨画帘垂”七个字景语，是词中传神之笔。它通过具体的景物，烘托不易表达的抽象感情，使这种感情形象化地出现于读者想象之中，好像是在耳目之前。

元稹闻白居易贬江州司马，寄白绝句：“残灯无焰影幢幢，此夕闻君谪九江。垂死病中惊坐起，暗风吹雨入寒窗。”白居易说，末了一句，他人尚且不忍闻，何况是我！本来第三句是全诗顶恳切沉痛的话，何以第四句读来更动人？这也由于它的形象性强。有了这句，才烘托出第三句的恳切沉痛。

元稹这句“暗风吹雨”和张曙的“黄昏微雨”，可以说是唐人诗词中结句的双璧。

有些小令词的体制，很近似于诗中的绝句，如《生查子》《菩萨蛮》等是。但是绝句四句，《生查子》《菩萨蛮》等也多是偶数句子结构。而《浣溪沙》上、下片都只三句，是奇数。第三句结句并且是拖一个独立无偶的尾巴，它的地位和作用却等于绝句的第三、四两句。这一句还要起两句的作用，一般绝句的作法，第三句要转，第四句是收。《浣溪沙》开句七字要抵得绝句的第三句和第四句，那么，这七个字要能做到即转即收，才算称职。我最爱晏殊“一向年光有限身”一首的下片：

满目山河空念远，落花风雨更伤春。不如怜取眼前人！

全首虽然是酒边花间咏妓之作（“眼前人”是指妓女），但是这几句的感慨，好像不限于本题。以章法论，能做到即转即收的，这首可说是最为合格。另外，有陈廷焯的《白雨斋词话》里提到的清人赠妓的此调的上片：

一世杨花二世萍，无疑三世化卿卿。不然何事也飘零！

陈廷焯不爱这首词，我以为以内容说，它同情妓女的漂泊生活，不同于一般玩弄之作；语言也清新流利；结句用散文“不然”一词入词，比之辛弃疾“种梅菊”一首上片所说：

百世孤芳肯自媒？直须诗句与推排。不然唤起酒边来。

也复难分高下。全首是可以肯定的。

就形式方面说，张曙这首悼亡词的成功，固然是由于末句景语有很强的形象性。但这个调末句的作法，决不限于用形象烘托的景语。应该从全首的内容和格调来考虑它的表达方式。

如宋人晏几道作这个调的下片：

衣化客尘今古道，柳含春意短长亭。凤楼争见路旁情！

又如：

静避绿阴莺有意，漫随游骑絮多才。去年今日忆同来！

如贺铸的下片：

欹枕有时成雨梦，隔帘无处说春心。一从灯夜到如今！

这三首的末句都是用推挽法的：第一首是推开说（作

客旅途的辛苦，家居的女人哪能知道），二、三两首都用倒挽法（从现在的所见所感回忆从前）。又如辛弃疾的下片：

引入沧浪鱼得计，展成寥阔鹤能言。几时高处见层轩？

题目是《席上赵景山提干赋溪台和韵》。从眼前的再翻腾一层。是推开，又是用问语振起，写得很好。这类例子可惜不太多。前人写这调子的结句，有不少是用问语的。如欧阳炯的下片：

独掩画屏愁不语，斜欹瑶枕髻鬟偏。此时心在阿谁边？

欧阳修的下片：

白发戴花君莫笑，六幺催拍盏频传。人生何处似尊前？

李清照的下片：

玉鸭熏炉闲瑞脑，朱樱斗帐掩流苏。通犀还解辟寒无？

这样以问句作结，更能表达含蓄不尽之情，比作直叙语好。

以上是我所想到的《浣溪沙》结句的几种作法。当然前人写这个调的好作品，决不限于这些作法。他们也有在一片里三句并列，表面上不推挽、不转便结束的，如辛弃疾的两首，其一是《常山道中即事》的下片：

忽有微凉何处雨？更无留影霎时云，卖瓜声过竹边村。

词写乡村夏景。上两句说远处的雨，这里只觉得微微凉气，天空偶有些薄云，忽然没有踪影了，这是写渴热天气，末句七字写行路人求凉的心情，瓜、竹是止渴歇阴之物，望见便生凉意。用眼前事物，淡淡七字，烘托心情。全片三句都是景语，表面齐头并列，第三句却确是好结束。它和陆游一首写暑雨的结句“忽有野僧来叩门”，写出凉意，可说异曲同工。

另一首也是写乡村的，下片也是三句景物并列的：

啼鸟有时能劝客，小桃无赖已撩人，梨花也作白头新。

第一句用梅尧臣《禽言》诗，说“提葫芦”鸟的叫声好像劝人吃酒；第二句说桃花勾人春思；第三句连下说雪白的梨花，好像老人的白头发，“新”字形容白发鲜明，也是古语“白头如新”（说朋友交情），映带上片第一句的“父老”。全片写农家丰岁的欢乐心情，觉得眼前风物无不称心，末句并且带些谐谑风味。虽然三句并列，第三句也确是好收尾，不得和第二句互换地位。因为上片“父老争言雨水匀，眉头不似去年颦，殷勤谢却甑中尘”，都是写父老的，这下片末句也是开这父老的玩笑。三句里实是有意有侧重。这种全片三句并列的作法，表面文字，不转不收，骨子里却是有转有收，即转即收。这比前举各例，好像更难着笔了。不过，一首作品的成败，主要是由于它的内容，我这里只就形式方面说说它的利弊而已。

关于小令《浣溪沙》的结句作法，已如上述。与它同体制的，还有《梦江南》。

《梦江南》全首五句，最要注意的也是末了一句。这里举皇甫松的两首做比较：

兰烬落，屏上暗红蕉。闲梦江南梅熟日，夜船吹笛雨潇潇。人语驿边桥。

开头“兰烬”指灯花。灯残了，屏风上画的红蕉颜色也黯淡了，是说已是夜深时候。下三句写梦境：在梅雨时节听画船的笛声，十四字概括地写出了江南水乡的光景，真像一幅名画。但是不无缺憾的是，这十四字若作为一首七绝的后半首，是韵味无穷的好诗；但作为《梦江南》，后面着一句“人语驿边桥”，便嫌全首情景不集中，难免“蛇足”之讥。这个调子的结构同《浣溪沙》一样，最忌末了拖一个孤零零的尾巴。

皇甫松另一首却写得恰好：

楼上寝，残月下帘旌。梦见秣陵惆怅事，桃花柳絮满江城，双髻坐吹笙。

这词开头写夜景，后三句写梦境，和前首作法全同。其所以胜过前首的，是末句紧接上两句，构成一个美好意境。“双髻”以局部见全体，写出整个美人的形象。“桃花柳絮”和笙声似无必然的联系，不同前首的笛声和雨声密切相关，但它的意境是相通的。唐人郎士元有一首《听邻家吹笙》七绝说：

凤吹声如隔彩霞，不知墙外是谁家？重门深锁无寻处，疑有碧桃千树花。

不见吹笙之人，而想象笙声出于无数碧桃之下，这是以碧桃之艳形容笙声之美，以色写声，是艺术意境之所谓“通感”。这词以“桃花柳絮满江城”作背景，写吹笙的人，也有同样的艺术效果。并且它用一个旖旎风光的回忆场景，反点第三句的“惆怅”，手法意象更曲折幽美了。

《梦江南》又名《望江南》，皇甫松这两首是写“梦”，温庭筠有一首是写“望”，也是晚唐词里的名作：

梳洗罢，独倚望江楼。过尽千帆皆不是，斜晖脉脉水悠悠。肠断白蘋洲。

这是写一个女子盼望她的情人而终于失望的心情。她希望眼前过去的船只，必有一只是载她的情人归来的，然而望到黄昏，依然落空。于“过尽千帆”句之下，用“斜晖脉脉”句七字做烘托，得情景相生之妙。“过尽千帆”是写眼前事物，也兼写情感，含有古乐府“天下人何限，慊慊只为汝”的意思。清代谭献词：“连理枝头侬与汝，千花百草从渠许。”也同此意。

“斜晖脉脉水悠悠”不仅仅是景语，也用它来点时间，联系开头的“梳洗罢”句，说明她从早到晚，已是整整望了一天了。也兼用它来表情（王国维《人间词话》说“一切景语皆情语”），“斜晖脉脉”可以比喻她对情人的脉脉含情、依依不舍。“水悠悠”是指无情的他，像悠悠江水，一去不返。“悠悠”在这里是形容无情，如“悠悠行路心”，是说像过路的人对我全不关心。这样两面对比，才逼出下文“肠断白蘋洲”的“肠断”来。若仅作泛泛景语看，“肠断”二字便没有来路，并且使全首结构松懈，显不出这末句“点睛”的作用。我以为，就这一词看，应如此体会，就温庭筠这一作家的作品风格看，也应如此体会（温词手法都很精深细密，与韦庄清疏之作不同）。

这词字字精练，陪衬的字句都有用意：如开头的“梳洗罢”，也不是虚设之辞，含有“女为悦己者容”的意思。古时人采蘋花寄相思，末句的“白蘋洲”，也关合全首情意。这好像电影中每一场景、每一道具，都起特写的作用。末了五字必不是泛泛填凑。但是若不体会上句“斜晖脉脉水悠悠”七字情景交融之妙，则末句也会成为孤零零的尾巴，这样就辜负作者的匠心了。

前人对这个调的末句，大概有承上、总结、转折、伸明等几种作法。“双髻坐吹笙”是承上，“肠断白蘋洲”是总结，至于作转折的，如杨慎《咏雪》：

晴雪好，万瓦玉鳞浮。照夜不随青女去，羞明应为素娥留。只欠剡溪舟。

末句忽作怅望不满之辞，却有不尽之意。他另有一首《咏月》，也同此作法：

明月好，流影浸亭台。金界三千随望远，雕阑十二逐人来。只是欠传杯。

末句伸明本意的，是我最爱的王世贞的一首：

歌起处，斜日半江红。柔绿篙添梅子雨，淡黄衫耐藕丝风。家在五湖东。

“柔绿”十四字是美句，末着“家在五湖东”五字，意韵更足，是伸明也是补足，在这个调子里，似乎更胜于李煜的“花月正春风”。

别录

辛弃疾年谱

宋高宗绍兴十年、金熙宗天眷三年 庚申（1140）

一岁

辛弃疾生于是年五月十一日卯时。

宋高宗绍兴十七年、金皇统七年 丁卯（1147）

八岁

辛弃疾从刘瞻求学，与党怀英同学，号“辛党”。

宋高宗绍兴二十三年、金海陵王贞元元年 癸酉（1153）

十四岁

辛弃疾领乡举。

宋高宗绍兴三十一年、金世宗大定元年 辛巳（1161）

二十二岁

金主亮大举南犯，辛弃疾为天平节度使耿京掌书记，劝京决策南向。

宋高宗绍兴三十二年、金世宗金大定二年 壬午（1162）

二十三岁

是年正月，辛弃疾与贾端奉表南归，高宗大喜，厚赉之，授乘务郎。闰月，耿京将张安国杀京降金。辛弃疾还约都统制王世隆及忠义人马全福径趋金营，即众中执安国送临安斩之。改差江阴签判。

宋孝宗隆兴元年 癸未（1163）

二十四岁

辛弃疾官于江阴。

宋孝宗乾道元年 乙酉（1165）

二十六岁

辛弃疾在广德军通判任。

奏进《美芹十论》。

宋孝宗乾道四年 戊子（1168）

二十九岁

辛弃疾在通判建康任。

宋孝宗乾道六年 庚寅（1170）

三十一岁

辛弃疾被孝宗召对延和殿，迁司农主簿，出知滁州。

作《九议》上虞允文。

宋孝宗乾道八年 壬辰（1172）

三十三岁

辛弃疾在滁州任。宽征薄赋，招流散，教民兵，议屯田。创建奠枕楼，繁雄馆。

友人周孚来滁相会，并作《奠枕楼记》。

宋孝宗乾道九年 癸巳（1173）

三十四岁

辛弃疾辟江东安抚司参议官。

宋孝宗淳熙元年 甲午（1174）

三十五岁

辛弃疾官江东安抚司参议。是岁十一月，叶衡为右丞相兼枢密使，荐辛弃疾慷慨有大略，召见，迁仓部郎官。

宋孝宗淳熙二年 乙未（1175）

三十六岁

辛弃疾任江西提点刑狱官。以平剧盗有功，加秘阁修撰，调京西转运判官，差知江陵府兼湖北安抚。

宋孝宗淳熙三年 丙申（1176）

三十七岁

辛弃疾官江陵。

宋孝宗淳熙四年 丁酉（1177）

三十八岁

辛弃疾迁知隆兴府兼江西安抚使，以大理少卿召出为湖北、湖南转运副使。

宋孝宗淳熙五年 戊戌（1178）

三十九岁

辛弃疾官湖北转运副使。

宋孝宗淳熙六年 己亥（1179）

四十岁

辛弃疾在湖北转运副使任。改知潭州兼湖南安抚使。

为赋《满江红》词致贺。有《论盗贼札子》，有诏奖谕，擢知潭州兼湖南安抚使。

宋孝宗淳熙七年 庚子（1180）

四十一岁

辛弃疾帅湖南。上疏请别创飞虎一军。

作《新居上梁文》。刊行亡友周孚《蠹斋集》。

宋孝宗淳熙八年 辛丑（1181）

四十二岁

江右大饥，举办荒政。

辛弃疾任隆兴府知府兼江西安抚使。值岁饥，榜通衢曰："闭粜者配，强籴者斩！"已乃尽出官钱银器，令士民责领运粜，民赖以济。帝闻，嘉奖进秩。

是年七月，东莱吕氏（吕祖谦）卒，辛弃疾为先生文，遣人祭之。

宋孝宗淳熙十二年 乙巳（1185）

四十六岁

辛弃疾居上饶。

与郑汝谐酬唱甚多。

宋孝宗淳熙十五年　戊申（1188）

四十九岁

辛弃疾以言罢江西安抚任。

与好友陈亮纵谈十日，“鹅湖之会”。

宋孝宗淳熙十六年　己酉（1189）

五十岁

二月，孝宗禅位于光宗。

辛弃疾居上饶。

宋光宗绍熙二年　辛亥（1191）

五十二岁

辛弃疾居上饶。

起为福建提点刑狱官，召见，迁大理少卿，加集英殿修撰，出知福州兼福建安抚使。

宋光宗绍熙三年　壬子（1192）

五十三岁

辛弃疾任提点福建路刑狱公事。

路经崇安，与朱熹相会。

宋光宗绍熙四年　癸丑（1193）

五十四岁

辛弃疾在闽帅任。

有“癸丑正月四日，自三山被召，经从建安席上和陈安行舍人韵”《西江月》词。

宋光宗绍熙五年　甲寅（1194）

五十五岁

孝宗崩，光宗不问丧事。

辛弃疾以台臣弹劾丐祠归。

宋宁宗庆元元年　乙卯（1195）

五十六岁

御史何澹奏劾，辛弃疾落职居上饶。

宋宁宗庆元二年　丙辰（1196）

五十七岁

辛弃疾所居毁于火，徙居铅山县期思市瓜山之下。

宋宁宗庆元三年　丁巳（1197）

五十八岁

辛弃疾居铅山县。

友人陈居仁卒。

宋宁宗庆元四年 戊午（1198）

五十九岁

辛弃疾主管武夷山冲佑观，复集英殿修撰。

宋宁宗庆元五年 己未（1199）

六十岁

辛弃疾居铅山县。

是年八月二十日，有“记梦”《兰陵王》词。

宋宁宗庆元六年 庚申（1200）

六十一岁

辛弃疾居铅山县。

友人朱熹卒，辛弃疾为文往哭之。

是岁二月二十八日，有《同杜叔高祝彦集观天保庵瀑布主人留饮两日且约牡丹之饮》二绝句。

宋宁宗嘉泰元年 辛酉（1201）

六十二岁

辛弃疾在浙帅任。

宋宁宗嘉泰三年 癸亥（1203）

六十四岁

韩侂胄计划北伐，恢复失地。

辛弃疾起知绍兴府兼浙东安抚使。

宋宁宗嘉泰四年 甲子（1204）

六十五岁

宁宗召见，辛弃疾言盐法，加宝谟阁待制，提举佑神观，奉朝请。差知镇江府，赐金带。

宋宁宗开禧元年 乙丑（1205）

六十六岁

辛弃疾在镇江任坐谬举，降朝散大夫。

宋宁宗开禧二年 丙寅（1206）

六十七岁

宋金交兵中，宋兵呈溃势。

辛弃疾进宝文阁待制，出知江陵府。

友人刘过卒。

宋宁宗开禧三年 丁卯（1207）

六十八岁

辛弃疾在江陵。

诏赴行在，奉事试兵部侍郎，辛弃疾辞免家居。进枢密院都承旨，未受命卒，盖丁卯九月初十日也。葬铅山县南十五里阳原山。

（本年谱据清人辛启泰《稼轩先生年谱》整理，有修改。）

领读

精神建筑师

他们的故事　我们的底色